JN219661

市　制

附　市制町村制施行令
　　大阪市会会議規則
　　大阪市会傍聴人取締規則

【大正15年初版】

大阪市会事務局 著

地方自治法研究
復刊大系〔第三六三巻〕

市制〔大正十五年初版〕

附
市制町村制施行令
大阪市会会議規則
大阪市会傍聴人取締規則

日本立法資料全集 別巻 1573

信山社

市制

附
市制町村制施行令
大阪市會會議規則
大阪市會傍聽人取締規則

市制

市制目次

第一章　總則……（一）
第一款　市及其ノ區域……（一）
第二款　市住民及其ノ權利義務……（四）
第三款　市條例及市規則……（八）
第二章　市會……（八）
第一款　組織及選擧……（九）
第二款　職務權限……（四四）
第三章　市參事會……（五五）
第一款　組織及選擧……（五五）
第二款　職務權限……（五七）
第四章　市吏員……（五九）

第一款　組織選擧及任免……（六〇）
第二款　職務權限……（六七）
第五章　給料及給與……（七八）
第六章　市ノ財務……（八〇）
第一款　財産營造物及市稅……（八〇）
第二款　歳入出豫算及決算……（九六）
第七章　市ノ一部ノ事務……（九九）
第八章　市町村組合……（一〇一）
第九章　市ノ監督……（一〇五）
第十章　雜則……（一一四）
附則
大正十年法律第五十八號附則……（一一七）
大正十一年法律第五十六號附則……（一一八）
大正十五年法律第七十四號附則……（一一八）

市制

明治四十四年四月七日
法律第六十八號
大正十年四月九日
法律第五十八號改正
大正十一年四月二十日
法律第五十六號改正
大正十五年六月二十四日
法律第七十四號改正

第一章 總則

第一款 市及其ノ區域

第一條 市ハ從來ノ區域ニ依ル

第二條 市ハ法人トス官ノ監督ヲ承ケ法令ノ範圍內ニ於テ其ノ公共事務竝從來法令又ハ慣例ニ依リ及將來法律勅令ニ依リ市ニ屬スル事務ヲ處理ス

第三條 市ノ廢置分合ヲ爲サムトスルトキハ關係アル市町村會及府縣參事會ノ意見ヲ徵シテ內務大臣之ヲ

凡 例

一 上段ハ新法（朱書ハ改正）

一 下段ハ舊法中改正セラレタル條項又ハ號

定ム

2 前項ノ場合ニ於テ財産アルトキハ其ノ處分ハ關係アル市町村會ノ意見ヲ徵シ府縣參事會ノ議決ヲ經テ府縣知事之ヲ定ム

第四條 市ノ境界變更ヲ爲サムトスルトキハ府縣知事ハ關係アル市町村會ノ意見ヲ徵シ府縣參事會ノ議決ヲ經內務大臣ノ許可ヲ得テ之ヲ定ム所屬未定地ヲ市ノ區域ニ編入セムトスルトキ亦同シ

2 前項ノ場合ニ於テ財産アルトキ其ノ處分ニ關シテハ前條第二項ノ例ニ依ル

第五條 市ノ境界ニ關スル爭論ハ府縣參事會之ヲ裁定ス其ノ裁定ニ不服アル市町村ハ行政裁判所ニ出訴スルコトヲ得

---

2 前項ノ場合ニ於テ財産アルトキハ其ノ處分ハ關係アル市町村會ノ意見ヲ徵シ府縣參事會ノ議決ヲ經內務大臣ノ許可ヲ得テ府縣知事之ヲ定ム

2 前項ノ場合ニ於テ財産アルトキ其ノ處分ニ關シテハ前項ノ例ニ依ル

2 市ノ境界判明ナラサル場合ニ於テ前項ノ爭論ナキトキハ府縣知事ハ府縣參事會ノ決定ニ付スヘシ其ノ決定ニ不服アル市町村ハ行政裁判所ニ出訴スルコトヲ得

3 第一項ノ裁定及前項ノ決定ハ文書ヲ以テ之ヲ爲シ其ノ理由ヲ附シ之ヲ關係市町村ニ交付スヘシ

4 第一項ノ裁定及第二項ノ決定ニ付テハ府縣知事ヨリモ訴訟ヲ提起スルコトヲ得

第六條　勅令ヲ以テ指定スル市ノ區ハ之ヲ法人トス其ノ財産及營造物ニ關スル事務其ノ他法令ニ依リ區ニ屬スル事務ヲ處理ス

2 區ノ廢置分合又ハ境界變更其ノ他區ノ境界ニ關シテハ前二條ノ規定ヲ準用ス但シ第四條ノ規定ヲ準用ス

ル場合ニ於テハ關係アル市會ノ意見ヲモ徵スヘシ

第七條 市ハ其ノ名稱ヲ變更セムトスルトキハ內務大臣ノ許可ヲ受クヘシ

第二欵　市住民及其ノ權利義務

第八條 市內ニ住所ヲ有スル者ハ其ノ市住民トス

2 市住民ハ本法ニ從ヒ市ノ財產及營造物ヲ共用スル權利ヲ有シ市ノ負擔ヲ分任スル義務ヲ負フ

第九條 帝國臣民タル年齡二十五年以上ノ男子ニシテ二年以來市住民タル者ハ其ノ市公民トス但シ左ノ各號ノ一ニ該當スル者ハ此ノ限ニ在ラス

一　禁治產者及準禁治產者

二　破產者ニシテ復權ヲ得サル者

三　貧困ニ因リ生活ノ爲公私ノ救助ヲ受ケ又ハ扶助

---

2 市役所ノ位置ヲ定メ又ハ之ヲ變更セムトスルトキハ市ハ府縣知事ノ許可ヲ受クヘシ

3 前條ノ市カ其ノ區ノ名稱ヲ變更シ又ハ區役所ノ位置ヲ定メ若ハ之ヲ變更セムトスルトキハ前項ノ例ニ依ル

第九條 市住民ニシテ左ノ要件ヲ具備スル者ハ市公民トス但シ貧困ノ爲公費ノ救助ヲ受ケタル後二年ヲ經サル者、禁治產者、準禁治產者及六年ノ懲役又ハ禁錮以上ノ刑ニ處セラレタル者ハ此ノ限ニ在ラス

一　帝國臣民タル男子ニシテ年齡二十五年以上ノ者

二　獨立ノ生計ヲ營ム者

三　二年以來其ノ市住民タル者

ヲ受クル者

四　一定ノ住居ヲ有セサル者

五　六年ノ懲役又ハ禁錮以上ノ刑ニ處セラレタル者

六　刑法第二編第一章、第三章、第九章、第十六章乃至第二十一章、第二十五章又ハ第三十六章乃至第三十九章ニ掲クル罪ヲ犯シ六年未滿ノ懲役ノ刑ニ處セラレ其ノ執行ヲ終リ又ハ執行ヲ受クルコトナキニ至リタル後其ノ刑期ノ二倍ニ相當スル期間ヲ經過スルニ至ル迄ノ者但シ其ノ期間五年ヨリ短キトキハ五年トス

七　六年未滿ノ禁錮ノ刑ニ處セラレ又ハ前號ニ掲クル罪以外ノ罪ヲ犯シ六年未滿ノ懲役ノ刑ニ處セラレ其ノ執行ヲ終リ又ハ執行ヲ受クルコトナキ

四　二年以來其ノ市ノ直接市稅ヲ納ムル者

2 市ハ前項二年ノ制限ヲ特免スルコトヲ得

3 家督相續ニ依リ財產ヲ取得シタル者ニ付テハ其ノ財產ニ付被相續人ノ爲シタル納稅ヲ以テ其ノ者ノ爲シタル納稅ト看做ス

4 市公民ノ要件中其ノ年限ニ關スルモノハ市町村ノ廢置分合又ハ境界變更ノ爲中斷セラルルコトナシ

ニ至ル迄ノ者

2 市ハ前項二年ノ制限ヲ特免スルコトヲ得

3 第一項二年ノ期間ハ市町村ノ廢置分合又ハ境界變更ノ爲中斷セラルルコトナシ

第十條 市公民ハ市ノ選擧ニ參與シ市ノ名譽職ニ選擧セラルル權利ヲ有シ市ノ名譽職ヲ擔任スル義務ヲ負フ

2 左ノ各號ノ一ニ該當セサル者ニシテ名譽職ノ當選ヲ辭シ又ハ其ノ職ヲ辭シ若ハ其ノ職務ヲ實際ニ執行セサルトキハ市ハ一年以上四年以下其ノ市公民權ヲ停止スルコトヲ得

一 疾病ニ罹リ公務ニ堪ヘサル者

二 業務ノ爲常ニ市内ニ居ルコトヲ得サル者

---

2 左ノ各號ノ一ニ該當セサル者ニシテ名譽職ノ當選チ辭シ又ハ其ノ職チ辭シ若ハ其ノ職務チ實際ニ執行セサルトキハ市ハ一年以上四年以下其ノ市公民權チ停止シ場合ニ依リ其ノ停止期間以內其ノ者ノ負擔スヘキ市税ノ十分ノ一以上四分ノ一以下チ增課スルコトチ得

三　年齢六十年以上ノ者
四　官公職ノ爲市ノ公務ヲ執ルコトヲ得サル者
五　四年以上名譽職市吏員、名譽職參事會員、市會議員又ハ區會議員ノ職ニ任シ爾後同一ノ期間ヲ經過セサル者
六　其ノ他市會ノ議決ニ依リ正當ノ理由アリト認ムル者

3 前項ノ處分ヲ受ケタル者其ノ處分ニ不服アルトキハ府縣參事會ニ訴願シ其ノ裁決ニ不服アルトキハ行政裁判所ニ出訴スルコトヲ得
4 第二項ノ處分ハ其ノ確定ニ至ル迄執行ヲ停止ス
5 第三項ノ裁決ニ付テハ府縣知事又ハ市長ヨリモ訴訟ヲ提起スルコトヲ得

第十一條　陸海軍軍人ニシテ現役中ノ者（未タ入營セサル者及歸休下士官兵ヲ除ク）及戰時若ハ事變ニ際シ召集中ノ者ハ市ノ公務ニ參與スルコトヲ得ス兵籍ニ編入セラレタル學生生徒（勅令ヲ以テ定ムル者ヲ除ク）及志願ニ依リ國民軍ニ編入セラレタル者亦同シ

第三款　市條例及市規則

第十二條　市ハ市住民ノ權利義務又ハ市ノ事務ニ關シ市條例ヲ設クルコトヲ得

2 市ハ市ノ營造物ニ關シ市條例ヲ以テ規定スルモノノ外市規則ヲ設クルコトヲ得

3 市條例及市規則ハ一定ノ公告式ニ依リ之ヲ告示スヘシ

第二章　市　會

第十一條　市公民第九條第一項ニ揭ケタル要件ノ一ヲ闕キ又ハ同項但書ニ當ルニ至リタルトキハ其ノ公民權ヲ失フ

2 市公民租稅滯納處分中ハ其ノ公民權ヲ停止ス家資分散若ハ破產ノ宣告ヲ受ケ其ノ確定シタルトキヨリ復權ノ決定確定スルニ至ル迄又ハ六年未滿ノ懲役又ハ禁錮ノ刑ニ處セラレタルトキヨリ其ノ執行ヲ終リ若ハ其ノ執行ヲ受クルコトナキニ至ル迄亦同シ

3 陸海軍ノ現役ニ服スル者ハ市ノ公務ニ參與スルコトヲ得ス其ノ他ノ兵役ニ在ル者ニシテ戰時又ハ事變ニ際シ召集セラレタルトキ亦同シ

第一款　組織及選擧

第十三條　市會議員ハ其ノ被選擧權アル者ニ就キ選擧人之ヲ選擧ス

2 議員ノ定數左ノ如シ

一　人口五萬未滿ノ市　三十人
二　人口五萬以上十五萬未滿ノ市　三十六人
三　人口十五萬以上二十萬未滿ノ市　四十人
四　人口二十萬以上三十萬未滿ノ市　四十四人
五　人口三十萬以上ノ市　四十八人

3 人口三十萬ヲ超ユル市ニ於テハ人口十萬、人口五十萬ヲ超ユル市ニ於テハ人口二十萬ヲ加フル毎ニ議員四人ヲ増加ス

4 議員ノ定數ハ市條例ヲ以テ特ニ之ヲ増減スルコトヲ得

5 議員ノ定數ハ總選擧ヲ行フ場合ニ非サレハ之ヲ増減セス但シ著シク人口ノ増減アリタル場合ニ於テ内務大臣ノ許可ヲ得タルトキハ此ノ限ニ在ラス

第十四條　市公民ハ總テ選擧權ヲ有ス但シ公民權停止中ノ者又ハ第十一條ノ規定ニ該當スル者ハ此ノ限ニ在ラス

第十五條　削除

第十四條　市公民ハ總テ選擧權ヲ有ス但シ公民權停止中ノ者又ハ第十一條第三項ノ場合ニ當ル者ハ此ノ限ニ在ラス

第十五條　選擧人ハ分チテ二級トス

2 選擧人中選擧人ノ總數ヲ以テ選擧人ノ納ムル直接市稅總額ヲ除シ其ノ平均額以上ヲ納ムル者ヲ一級トシ其ノ他ノ選擧人ヲ二級トス但シ一級選擧人ノ數議員定數ノ二分ノ一ヨリ少キトキハ納稅額最多キ者議員定數ノ二分ノ一ト同數ヲ以テ一級トス兩級ノ間ニ同額ノ納稅者二人以上アルトキハ其ノ市內ニ住所ヲ有スル年數ノ多キ者ヲ以テ上級ニ入ル住所ヲ有スル年數同シキトキハ年長者ヲ以テシ年齡ニ依リ難キトキハ市長抽籤シテ之ヲ定ムヘシ

3 選擧人ハ每級各別ニ議員定數ノ二分ノ一ヲ選擧ス但シ選擧區アル場合ニ於テ議員ノ數二分シ難キトキハ其

ノ配當方法ハ第十六條ノ市條例中ニ之ヲ規定スヘシ

4 被選擧人ハ各級ニ通シテ選擧セラルルコトヲ得

5 第二項ノ直接市稅ノ納額ハ選擧人名簿調製期日ノ屬スル會計年度ノ前年度ノ賦課額ニ依ルヘシ

第十六條 市ハ市條例ヲ以テ選擧區ヲ設クルコトヲ得

2 選擧區ノ數及其ノ區域竝各選擧區ヨリ選出スル議員數ハ前項ノ市條例中ニ之ヲ規定スヘシ

3 第六條ノ市ニ於テハ區ヲ以テ選擧區トス其ノ各選擧區ヨリ選出スル議員數ハ市條例ヲ以テ之ヲ定ムヘシ

4 選擧人ハ住所ニ依リ所屬ノ選擧區ヲ定ム第七十六條又ハ第七十九條第二項ノ規定ニ依リ市公民タル者ニシテ市內ニ住所ヲ有セサル者ニ付テハ市長ハ本人ノ申出ニ依リ其ノ申出ナキトキハ職權ニ依リ其ノ選擧區ヲ定ムヘシ

第十六條 市ハ市條例ヲ以テ選擧區ヲ設クルコトヲ得二級選擧ノ爲ノミニ付亦同シ

5 選擧區ニ於テハ前條ノ規定ニ準シ選擧人ノ等級ヲ分ツヘシ但シ一級選擧人ノ數其ノ選出スヘキ議員配當數ヨリ少キトキハ納額最多キ者議員配當數ト同數ヲ以テ一級トス

5 被選舉人ハ各選舉區ニ通シテ選舉セラルルコトヲ得

第十七條　特別ノ事情アルトキハ市ハ區劃ヲ定メテ投票分會ヲ設クルコトヲ得

第十八條　選舉權ヲ有スル市公民ハ被選舉權ヲ有ス

2 在職ノ檢事、警察官吏及收税官吏ハ被選舉權ヲ有セス

3 選舉事務ニ關係アル官吏及市ノ有給吏員ハ其ノ關係區域内ニ於テ被選舉權ヲ有セス

4 市ノ有給ノ吏員敎員其ノ他ノ職員ニシテ在職中ノ者ハ其ノ市ノ市會議員ト相兼ヌルコトヲ得ス

第十七條　特別ノ事情アルトキハ市ハ府縣知事ノ許可ヲ得區劃ヲ定メテ選舉分會ヲ設クルコトヲ得二級選舉ノ爲ノミニ付亦同シ

第十八條　選舉權ヲ有スル市公民ハ被選舉權ヲ有ス

2 左ニ掲クル者ハ被選舉權ヲ有セス其ノ之ヲ罷メタル後一月ヲ經過セサル者亦同シ

一　所屬府縣ノ官吏及有給吏員

二 其ノ市ノ有給吏員
三 檢事、警察官吏及收税官吏
四 神官、神職、僧侶其ノ他諸宗教師
五 小學校教員

3 市ニ對シ請負ヲ爲ス者及其ノ支配人又ハ主トシテ同一ノ行爲ヲ爲ス法人ノ無限責任社員、役員及支配人ハ被選擧權ヲ有セス

4 前項ノ役員トハ取締役、監査役及之ニ準スヘキ者竝清算人ヲ謂フ

5 父子兄弟タル緣故アル者ハ同時ニ市會議員ノ職ニ在ルコトヲ得ス其ノ同時ニ選擧セラレタルトキハ同級ニ在リテハ得票ノ數ニ依リ其ノ多キ者一人ヲ當選者トシ同數ナルトキ又ハ等級若ハ選擧區ヲ異ニシテ選擧セラレタルトキハ年長者ヲ當選者トシ年齡同シキトキハ市長抽籤シテ當選者ヲ定ム其ノ時ヲ異ニシテ選擧セラレタルトキハ後ニ選擧セラレタル者議員タルコトヲ得ス

6 議員ト爲リタル後前項ノ緣故ヲ生シタル場合ニ於テハ年少者其ノ職ヲ失フ年齡同シキトキハ市長抽籤シテ失職者ヲ定ム

7 市長市參與又ハ助役ト父子兄弟タル緣故アル者ハ市會議員ノ職ニ在ルコトヲ得ス

第十九條 市會議員ハ名譽職トス

2 議員ノ任期ハ四年トシ總選擧ノ日ヨリ之ヲ起算ス
3 議員ノ定數ニ異動ヲ生シタル爲解任ヲ要スル者アルトキハ市長抽籤シテ之ヲ定ム但シ闕員アルトキハ其ノ闕員ヲ以テ之ニ充ツヘシ
4 前項但書ノ場合ニ於テ闕員ノ數解任ヲ要スル者ノ數ニ滿チサルトキハ其ノ不足ノ員數ニ付市長抽籤シテ解任スヘキ者ヲ定メ闕員ノ數解任ヲ要スル者ノ數ヲ超ユルトキハ解任ヲ要スル者ニ充ツヘキ闕員ハ最モ先ニ闕員ト爲リタル者ヨリ順次之ニ充テ闕員ト爲リタル時同シキトキハ市長抽籤シテ之ヲ定ム
5 議員ノ定數ニ異動ヲ生シタル爲解任ヲ要スル者アル場合ニ於テ選擧區アルトキハ第十六條ノ市條例中ニ其ノ解任ヲ要スル者ノ選擧區ヲ規定シ市長抽籤シテ

---

2 議員ノ任期ハ四年トシ總選擧ノ第一日ヨリ之ヲ起算ス
3 議員ノ定數ニ異動ヲ生シタル爲解任ヲ要スル者アルトキハ毎級各別ニ市長抽籤シテ之ヲ定ム選擧區アル場合ニ於テハ第十六條ノ市條例中ニ其ノ解任ヲ要スル者ノ選擧區及等級ヲ規定シ市長抽籤シテ之ヲ定ムヘシ但シ解任ヲ要スル者ノ選擧區及等級ニ闕員アルトキハ其ノ闕員ヲ以テ之ニ充ツヘシ

之ヲ定ム但シ解任ヲ要スル者ノ選擧區ニ闕員アリタルトキハ其ノ闕員ヲ以テ之ニ充ツヘシ此ノ場合ニ於テハ前項ノ例ニ依ル

6 議員ノ定數ニ異動ヲ生シタル爲新ニ選擧セラレタル議員ハ總選擧ニ依リ選擧セラレタル議員ノ任期滿了ノ日迄在任ス

7 選擧區又ハ其ノ配當議員數ノ變更アリタル場合ニ於テ之ニ關シ必要ナル事項ハ第十六條ノ市條例中ニ之ヲ規定スヘシ

第二十條　市會議員中闕員ヲ生シタルトキハ三月以内ニ補闕選擧ヲ行フヘシ但シ第三十條第二項ノ規定ノ適用ヲ受ケタル得票者ニシテ當選者ト爲ラサリシ者アルトキハ直ニ選擧會ヲ開キ其ノ者ノ中ニ就キ當選者ヲ定ムヘシ此ノ場合ニ於テハ第三十三條第三項及

第二十條　市會議員中闕員ヲ生シ其ノ闕員議員定數ノ三分ノ一以上ニ至リタルトキ又ハ府縣知事市長若ハ市會ニ於テ必要ト認ムルトキハ補闕選擧ヲ行フヘシ

2 議員闕員ト爲リタルトキ其ノ議員カ第三十條第二項ノ規定ノ適用ニ依リ當選者ト爲リタル者ナル場合又ハ本條本項若ハ第三十三條ノ規定ニ依ル第三十條第

第四項ノ規定ヲ準用ス
2 第三十三條第五項及第六項ノ規定ハ補闕選擧ニ之ヲ準用ス
3 補闕議員ハ其ノ前任者ノ殘任期間在任ス
4 選擧區アル場合ニ於テハ補闕議員ハ前任者ノ選擧セラレタル選擧區ニ於テ之ヲ選擧スヘシ

第二十一條 市長ハ毎年九月十五日ノ現在ニ依リ選擧人名簿ヲ調製スヘシ但シ選擧區アルトキハ選擧區毎ニ之ヲ調製スヘシ
2 第六條ノ市ニ於テハ市長ハ區長ヲシテ前項ノ例ニ依リ選擧人名簿ヲ調製セシムヘシ
3 選擧人名簿ニハ選擧人ノ氏名、住所及生年月日等ヲ記載スヘシ

第二十一條ノ二 市長ハ十一月五日ヨリ十五日間市役

二項ノ規定ノ準用ニ依リ當選者ト爲リタル者ナル場合ニ於テハ市長ハ直ニ第三十條第二項ノ規定ノ適用又ハ準用ヲ受ケタル他ノ得票者ニ就キ當選者ヲ定ムヘシ此ノ場合ニ於テハ第三十條第二項ノ規定ヲ準用ス
3 補闕議員ハ其ノ前任者ノ殘任期間在任ス
4 補闕議員ハ前任者ノ選擧セラレタル等級及選擧區ニ於テ之ヲ選擧スヘシ

第二十一條 市長ハ選擧期日前六十日ヲ期トシ其ノ日ノ現在ニ依リ選擧人ノ資格ヲ記載セル選擧人名簿ヲ調製スヘシ但シ選擧區アルトキハ選擧區毎ニ名簿ヲ調製スヘシ
2 第六條ノ市ニ於テハ市長ハ區長ヲシテ前項ノ名簿ヲ調製セシムヘシ
3 市長ハ選擧期日前四十日ヲ期トシ其ノ日ヨリ七日間毎日午前八時ヨリ午後四時迄市役所（第六條ノ市ニ於テハ區役所）又ハ告

所（第六條ノ市ニ於テハ區役所）又ハ其ノ指定シタル場所ニ於テ選擧人名簿ヲ關係者ノ縱覽ニ供スヘシ

2 市長ハ縱覽開始ノ日前三日目迄ニ縱覽ノ場所ヲ告示スヘシ

第二十一條ノ三　選擧人名簿ニ關シ關係者ニ於テ異議アルトキハ縱覽期間内ニ之ヲ市長（第六條ノ市ニ於テハ區長ヲ經テ）ニ申立ツルコトヲ得此ノ場合ニ於テハ市長ハ縱覽期間滿了後三日以内ニ之ヲ市會ノ決定ニ付スヘシ市會ハ其ノ送付ヲ受ケタル日ヨリ十日以内ニ之ヲ決定スヘシ

2 前項ノ決定ニ不服アル者ハ府縣參事會ニ訴願シ其ノ裁決又ハ第三項ノ裁決ニ不服アル者ハ行政裁判所ニ出訴スルコトヲ得

示シタル場所ニ於テ選擧人名簿ヲ關係者ノ縱覽ニ供スヘシ關係者ニ於テ異議アルトキハ縱覽期間内ニ之ヲ市長（第六條ノ市ニ於テハ區長ヲ經テ）ニ申立ツルコトヲ得此ノ場合ニ於テハ市長ハ縱覽期間滿了後三日以内ニ市會ノ決定ニ付スヘシ市會ハ其ノ送付ヲ受ケタル日ヨリ七日以内ニ之ヲ決定スヘシ

4 前項ノ決定ニ不服アル者ハ府縣參事會ニ訴願シ其ノ裁決又ハ第五項ノ裁決ニ不服アル者ハ行政裁判所ニ出訴スルコトヲ得

5 第三項ノ決定及前項ノ裁決ニ付テハ市長ヨリモ訴願又ハ訴訟ヲ提起スルコトヲ得

6 前二項ノ裁決ニ付テハ府縣知事ヨリモ訴訟ヲ提起スルコトヲ得

7 前四項ノ場合ニ於テ決定若ハ裁決確定シ又ハ判決アリタルニ依リ名簿ノ修正ヲ要スルトキハ市長ハ其ノ確定期日前ニ修正ヲ加ヘ第六條ノ市ニ於テハ區長ヲシテ修正セシムヘシ

3 第一項ノ決定及前項ノ裁決ニ付テハ市長ヨリモ訴願又ハ訴訟ヲ提起スルコトヲ得

4 前二項ノ裁決ニ付テハ府縣知事ヨリモ訴訟ヲ提起スルコトヲ得

第二十一條ノ四 選擧人名簿ハ十二月二十五日ヲ以テ確定ス

2 選擧人名簿ハ次年ノ十二月二十四日迄之ヲ据置クヘシ

3 前條ノ場合ニ於テ決定若ハ裁決確定シ又ハ判決アリタルニ依リ名簿ノ修正ヲ要スルトキハ市長ハ直ニ之ヲ修正シ第六條ノ市ニ於テハ區長ヲシテ之ヲ修正セシムヘシ

4 選擧人名簿ヲ修正シタルトキハ市長ハ直ニ其ノ要領

---

8 選擧人名簿ハ選擧期日前三日ヲ以テ確定ス

9 確定名簿ハ第三條又ハ第四條ノ處分アリタル場合ニ於テ府縣知事ノ指定スルモノヲ除クノ外其ノ確定シタル日ヨリ一年以内ニ於テ行フ選擧ニ之ヲ用ウ選擧區アル場合ニ於テハ各選擧區ニ渉リ同時ニ調製シタルモノハ確定シタル日ヨリ一年以内ニ於テ行フ選擧ニ之ヲ用ヰ一部ノ選擧區限リ調製シタルモノハ確定シタル日ヨリ一年以内ニ該選擧區ニ於テノミ行フ選擧ニ之ヲ用ウ但シ名簿確定後裁決確定シ又ハ判決アリタルニ依リ名簿ノ修正ヲ要スルトキハ選擧ヲ終リタル後ニ於テ次ノ選擧期日前四日迄ニ之ヲ修正スヘシ

10 選擧人名簿ヲ修正シタルトキハ市長ハ直ニ其ノ要領ヲ告示シ第六條ノ市ニ於テハ區長ヲシテ之ヲ告示セシムヘシ

11 選擧分會ヲ設クルトキハ市長ハ確定名簿ニ依リ分會ノ區劃毎ニ名簿ノ抄本ヲ調製スヘシ第六條ノ市ニ於

ヲ告示シ第六條ノ市ニ於テハ區長ヲシテ之ヲ告示セシムヘシ

5 投票分會ヲ設クルトキハ市長ハ確定名簿ニ依リ分會ノ區劃毎ニ名簿ノ抄本ヲ調製スヘシ第六條ノ市ニ於テハ區長ヲシテ之ヲ調製セシムヘシ

第二十一條ノ五　第二十一條ノ三ノ場合ニ於テ決定若ハ裁決確定シ又ハ判決アリタルニ依リ選擧人名簿無效ト爲リタルトキハ更ニ名簿ヲ調製スヘシ

2 天災事變等ノ爲必要アルトキハ更ニ名簿ヲ調製スヘシ

3 前二項ノ規定ニ依ル名簿ノ調製、縱覽、確定及異議申立ニ對スル市會ノ決定ニ關スル期日及期間ハ府縣知事ノ定ムル所ニ依ル

テハ區長ヲシテ之ヲ調製セシムヘシ

12 確定名簿ニ登錄セラレサル者ハ選擧ニ參與スルコトヲ得ス但シ選擧人名簿ニ登錄セラルヘキ確定裁決書又ハ判決書ヲ所持シ選擧ノ當日選擧會場ニ到ル者ハ此ノ限ニ在ラス

13 前項但書ノ選擧人ハ等級ノ標準タル直接市稅ニ依リ其ノ者ノ納額ニシテ名簿ニ登錄セラレタル一級選擧人中ノ最少額ヨリ多キトキハ一級ニ於テ其ノ他ハ二級ニ於テ選擧ヲ行フヘシ

14 確定名簿ニ登錄セラレタル者選擧權ヲ有セサルトキハ選擧ニ參與スルコトヲ得ス但シ名簿ハ之ヲ修正スル限ニ在ラス

15 第三項乃至第六項ノ場合ニ於テ決定若ハ裁決確定シ又ハ判決アリタルニ依リ名簿無效ト爲リタルトキハ更ニ名簿ヲ調製スヘシ其ノ名簿ノ調製、縱覽、修正、確定及異議ノ決定ニ關スル期日、期限及期間ハ府縣知事ノ定ムル所ニ依ル名簿ノ喪失シタルトキ亦同シ

16 選擧人名簿調製後ニ於テ選擧期日ヲ變更スルコトア

4 市ノ廢置分合又ハ境界變更アリタル場合ニ於テ名簿ニ關シ其ノ分合其ノ他必要ナル事項ハ命令ヲ以テ之ヲ定ム

第二十二條　市長ハ選擧ノ期日前七日目（第三十九條ノ二ノ市ニ於テハ二十日目）迄ニ選擧會場（投票分會場ヲ含ム以下之ニ同シ）投票ノ日時及選擧スヘキ議員數（選擧區アル場合ニ於テハ各選擧區ニ於テ選擧スヘキ議員數）ヲ告示スヘシ投票分會ヲ設クル場合ニ於テハ併セテ其ノ區劃ヲ告示スヘシ

2 總選擧ニ於ケル各選擧區ノ投票ハ同日時ニ之ヲ行フ

3 投票分會ノ投票ハ選擧會ト同日時ニ之ヲ行フ

4 天災事變等ノ爲投票ヲ行フコト能ハサルトキ又ハ更ニ投票ヲ行フノ必要アルトキハ市長ハ其ノ投票ヲ行

ルモ其ノ名簿ヲ用ヰ縱覽、修正、確定及異議ノ決定ニ關スル期日、期限及期間ハ前選擧期日ニ依リ之ヲ算定ス

第二十二條　市長ハ選擧期日前少クトモ七日間選擧會場、投票ノ日時及各級ヨリ選擧スヘキ議員數ヲ告示スヘシ選擧區アル場合ニ於テハ各級ヨリ選擧スヘキ議員數ヲ選擧區每ニ分別シ選擧分會ヲ設クル場合ニ於テハ併セテ其ノ等級及區劃ヲ告示スヘシ

2 各選擧區ノ選擧ハ同日時ニ之ヲ行ヒ選擧分會ノ選擧ハ本會ト同日時ニ之ヲ行フヘシ天災事變等ニ依リ同日時ニ選擧ヲ行フコト能ハサルトキハ市長ハ其ノ選擧ヲ終ラサル選擧會又ハ選擧分會ノミニ關シ更ニ選擧會場及投票ノ日時ヲ告示シ選擧ヲ行フヘシ

3 選擧ヲ行フ順序ハ先ツ二級ノ選擧ヲ行ヒ次ニ一級ノ選擧ヲ行フヘシ天災事變等ニ依リ選擧ヲ行フコト能

フヘキ選擧會又ハ投票分會ノミニ付更ニ期日ヲ定メ投票ヲ行ハシムヘシ此ノ場合ニ於テ選擧會場及投票ノ日時ハ選擧ノ期日前五日目迄ニ之ヲ告示スヘシ

第二十三條　市長ハ選擧長ト爲リ選擧會ヲ開閉シ其ノ取締ニ任ス

2 各選擧區ノ選擧會ハ市長又ハ其ノ指名シタル吏員（第六條ノ市ニ於テハ區長）選擧長ト爲リ之ヲ開閉シ其ノ取締ニ任ス

3 市長（第六條ノ市ニ於テハ區長）ハ選擧人名簿ニ登錄セラレタル者ノ中ヨリ二人乃至四人ノ選擧立會人ヲ選任スヘシ但シ選擧區アルトキハ各別ニ選擧立會人ヲ設クヘシ

4 投票分會ハ市長ノ指名シタル吏員投票分會長ト爲リ

ハサルニ至リタルトキハ市長ハ其ノ選擧ヲ終ラサル等級ノミニ關シ更ニ選擧會場及投票ノ日時ヲ告示シ選擧ヲ行フヘシ

3 選擧分會ハ市長ノ指名タル吏員選擧分會長ト爲リ之ヲ開閉シ其ノ取締ニ任ス

4 市長（第六條ノ市ニ於テハ區長）ハ選擧人中ヨリ二人乃至四人ノ選擧立會人ヲ選任スヘシ但シ選擧區アルトキ又ハ選擧分會ヲ設ケタルトキハ各別ニ選擧立會人ヲ設クヘシ

5 選擧立會人ハ名譽職トス

之ヲ開閉シ其ノ取締ニ任ス

5 市長（第六條ノ市ニ於テハ區長）ハ分會ノ區劃内ニ於ケル選擧人名簿ニ登錄セラレタル者ノ中ヨリ二人乃至四人ノ投票立會人ヲ選任スヘシ

6 選擧立會人及投票立會人ハ名譽職トス

第二十四條 選擧人ニ非サル者ハ選擧會場ニ入ルコトヲ得ス但シ選擧會場ノ事務ニ從事スル者、選擧會場ヲ監視スル職權ヲ有スル者又ハ警察官吏ハ此ノ限ニ在ラス

2 選擧會場ニ於テ演說討論ヲ爲シ若ハ喧擾ニ涉リ又ハ投票ニ關シ協議若ハ勸誘ヲ爲シ其ノ他選擧會場ノ秩序ヲ紊ス者アルトキハ選擧長又ハ投票分會長ハ之ヲ制止シ命ニ從ハサルトキハ之ヲ選擧會場外ニ退出セ

---

2 選擧會場ニ於テ演說討論ヲ爲シ若ハ喧擾ニ涉リ又ハ投票ニ關シ協議若ハ勸誘ヲ爲シ其ノ他選擧會場ノ秩序ヲ紊ス者アルトキハ選擧長又ハ分會長ハ之ヲ制止シ命ニ從ハサルトキハ之ヲ選擧會場外ニ退出セシムヘシ

シムヘシ

3 前項ノ規定ニ依リ退出セシメラレタル者ハ最後ニ至リ投票ヲ爲スコトヲ得但シ選擧長又ハ投票分會長會場ノ秩序ヲ紊スノ虞ナシト認ムル場合ニ於テ投票ヲ爲サシムルヲ妨ケス

第二十五條 選擧ハ無記名投票ヲ以テ之ヲ行フ

2 投票ハ一人一票ニ限ル

3 選擧人ハ選擧ノ當日投票時間内ニ自ラ選擧會場ニ到リ選擧人名簿又ハ其ノ抄本ノ對照ヲ經テ投票ヲ爲スヘシ

4 投票時間内ニ選擧會場ニ入リタル選擧人ハ其ノ時間ヲ過クルモ投票ヲ爲スコトヲ得

5 選擧人ハ選擧會場ニ於テ投票用紙ニ自ラ被選擧人一

---

3 前項ノ規定ニ依リ退出セシメラレタル者ハ最後ニ至リ投票ヲ爲スコトヲ得但シ選擧長又ハ分會長會場ノ秩序ヲ紊スノ虞ナシト認ムル場合ニ於テ投票ヲ爲サシムルヲ妨ケス

5 選擧人ハ選擧會場ニ於テ投票用紙ニ自ラ被選擧人一

人ノ氏名ヲ記載シテ投函スヘシ

6 投票ニ關スル記載ニ付テハ勅令ヲ以テ定ムル點字ハ之ヲ文字ト看做ス

7 自ラ被選擧人ノ氏名ヲ書スルコト能ハサル者ハ投票ヲ爲スコトヲ得ス

8 投票用紙ハ市長ノ定ムル所ニ依リ一定ノ式ヲ用ウヘシ

9 選擧區アル場合ニ於テ選擧人名簿ノ調製後選擧人ノ所屬ニ異動ヲ生スルコトアルモ其ノ選擧人ハ前所屬ノ選擧區ニ於テ投票ヲ爲スヘシ

10 投票分會ニ於テ爲シタル投票ハ投票分會長少クトモ一人ノ投票立會人ト共ニ投票函ノ儘之ヲ選擧長ニ送致スヘシ

人ノ氏名ヲ記載シテ投函スヘシ但シ確定名簿ニ登錄セラレタル毎級選擧人ノ數其ノ選擧スヘキ議員數ノ三倍ヨリ少キ場合ニ於テハ連名投票ノ法ヲ用ウヘシ

9 選擧分會ニ於テ爲シタル投票ハ分會長少クトモ一人ノ選擧立會人ト共ニ投票函ノ儘之ヲ本會ニ送致スヘシ

第二十五條ノ二 確定名簿ニ登錄セラレサル者ハ投票ヲ爲スコトヲ得ス但シ選擧人名簿ニ登錄セラルヘキ確定裁決書又ハ判決書ヲ所持シ選擧ノ當日選擧會場ニ到ル者ハ此ノ限ニ在ラス

2 確定名簿ニ登錄セラレタル者選擧人名簿ニ登錄セラルルコトヲ得サル者ナルトキハ投票ヲ爲スコトヲ得ス選擧ノ當日選擧權ヲ有セサル者ナルトキ亦同シ

第二十五條ノ三 投票ノ拒否ハ選擧立會人又ハ投票立會人之ヲ決定ス可否同數ナルトキハ選擧長又ハ投票分會長之ヲ決スヘシ

2 投票分會ニ於テ投票拒否ノ決定ヲ受ケタル選擧人不服アルトキハ投票分會長ハ假ニ投票ヲ爲サシムヘシ

3 前項ノ投票ハ選擧人ヲシテ之ヲ封筒ニ入レ封緘シ表面ニ自ラ其ノ氏名ヲ記載シ投函セシムヘシ

4 投票分會長又ハ投票立會人ニ於テ異議アル選擧人ニ對シテモ亦前二項ニ同シ

第二十六條　第三十三條若ハ第三十七條ノ選擧、增員選擧又ハ補闕選擧ヲ同時ニ行フ場合ニ於テハ一ノ選擧ヲ以テ合併シテ之ヲ行フ

第二十七條　市長ハ豫メ開票ノ日時ヲ告示スヘシ

第二十七條ノ二　選擧長ハ投票ノ日又ハ其ノ翌日（投票分會ヲ設ケタルトキハ總テノ投票函ノ送致ヲ受ケタル日又ハ其ノ翌日）選擧立會人立會ノ上投票函ヲ開キ投票ノ總數ト投票人ノ總數トヲ計算スヘシ

2 前項ノ計算終リタルトキハ選擧長ハ先ツ第二十五條

第二十七條　（削除）

ノ三第二項及第四項ノ投票ヲ調査スヘシ其ノ投票ノ受理如何ハ選擧立會人之ヲ決定ス可否同數ナルトキハ選擧長之ヲ決スヘシ

3 選擧長ハ選擧立會人ト共ニ投票ヲ點檢スヘシ

4 天災事變等ノ爲開票ヲ行フコト能ハサルトキハ市長ハ更ニ開票ノ期日ヲ定ムヘシ此ノ場合ニ於テ選擧會場ノ變更ヲ要スルトキハ豫メ更ニ其ノ場所ヲ告示スヘシ

第二十七條ノ三　選擧人ハ其ノ選擧會ノ參觀ヲ求ムルコトヲ得但シ開票開始前ハ此ノ限ニ在ラス

第二十七條ノ四　特別ノ事情アルトキハ市ハ府縣知事ノ許可ヲ得區劃ヲ定メテ開票分會ヲ設クルコトヲ得

2 前項ノ規定ニ依リ開票分會ヲ設クル場合ニ於テ必要

ナル事項ハ命令ヲ以テ之ヲ定ム

第二十八條 左ノ投票ハ之ヲ無效トス

一 成規ノ用紙ヲ用キサルモノ

二 現ニ市會議員ノ職ニ在ル者ノ氏名ヲ記載シタルモノ

三 一投票中二人以上ノ被選擧人ノ氏名ヲ記載シタルモノ

四 被選擧人ノ何人タルカヲ確認シ難キモノ

五 被選擧權ナキ者ノ氏名ヲ記載シタルモノ

六 被選擧人ノ氏名ノ外他事ヲ記入シタルモノ但シ爵位職業身分住所又ハ敬稱ノ類ヲ記入シタルモノハ此ノ限ニ在ラス

七 被選擧人ノ氏名ヲ自書セサルモノ

---

2 連名投票ノ法ヲ用キタル場合ニ於テハ前項第一號第六號及第七號ニ該當スルモノ竝其ノ記載ノ人員選擧スヘキ定數ニ過キタルモノハ之ヲ無效トシ前項第二號第四號及第五號ニ該當スルモノハ其ノ部分ノミヲ無效トス

第二十九條　投票ノ效力ハ選擧立會人之ヲ決定ス可否同數ナルトキハ選擧長之ヲ決スヘシ

第三十條　市會議員ノ選擧ハ有效投票ノ最多數ヲ得タル者ヲ以テ當選者トス但シ議員ノ定數（選擧區アル場合ニ於テハ其ノ選擧區ノ配當議員數）ヲ以テ有效投票ノ總數ヲ除シテ得タル數ノ六分ノ一以上ノ得票アルコトヲ要ス

2 前項ノ規定ニ依リ當選者ヲ定ムルニ當リ得票ノ數同シキトキハ年長者ヲ取リ年齡同シキトキハ選擧長抽籤シテ之ヲ定ムヘシ

第三十條ノ二　當選者選擧ノ期日後ニ於テ被選擧權ヲ有セサルニ至リタルトキハ當選ヲ失フ

第三十一條　選擧長ハ選擧錄ヲ作リ選擧會ニ關スル顚

第二十九條　投票ノ拒否及效力ハ選擧立會人之ヲ決定ス可否同數ナルトキハ選擧長之ヲ決スヘシ

2 選擧分會ニ於ケル投票ノ拒否ハ其ノ選擧立會人之ヲ決定ス可否同數ナルトキハ分會長之ヲ決スヘシ

第三十條　市會議員ノ選擧ハ有效投票ノ最多數ヲ得タル者ヲ以テ當選者トス但シ各級ニ於テ選擧スヘキ議員數ヲ以テ選擧人名簿ニ登錄セラレタル各級ノ人員數ヲ除シテ得タル數ノ七分ノ一以上ノ得票アルコトヲ要ス

第三十一條　選擧長又ハ分會長ハ選擧錄ヲ調製シテ選

末ヲ記載シ之ヲ朗讀シ二人以上ノ選擧立會人ト共ニ之ニ署名スヘシ

2 各選擧區ノ選擧長ハ選擧錄（第六條ノ市ニ於テハ其ノ寫）ヲ添ヘ當選者ノ住所氏名ヲ市長ニ報告スヘシ

3 投票分會長ハ投票錄ヲ作リ投票ニ關スル顚末ヲ記載シ之ヲ朗讀シ二人以上ノ投票立會人ト共ニ之ニ署名スヘシ

4 投票分會長ハ投票函ト同時ニ投票錄ヲ選擧長ニ送致スヘシ

5 選擧錄及投票錄ハ投票、選擧人名簿其ノ他ノ關係書類ト共ニ議員ノ任期間市長（第六條ノ市ニ於テハ區長）ニ於テ之ヲ保存スヘシ

第三十二條 當選者定マリタルトキハ市長ハ直ニ當選

擧又ハ投票ノ顚末ヲ記載シ選擧又ハ投票ヲ終リタル後之ヲ朗讀シ選擧立會人二人以上ト共ニ之ニ署名スヘシ

2 各選擧區ノ選擧長ハ選擧錄（第六條ノ市ニ於テハ其ノ謄本）ヲ添ヘ當選者ノ住所氏名ヲ市長ニ報告スヘシ

3 選擧分會長ハ投票函ト同時ニ選擧錄ヲ本會ニ送致スヘシ

4 選擧錄ハ投票、選擧人名簿其ノ他ノ關係書類ト共ニ選擧及當選ノ效力確定スルニ至ル迄之ヲ保存スヘシ

第三十二條 當選者定マリタルトキハ市長ハ直ニ當選

者ニ當選ノ旨ヲ告知シ（第六條ノ市ニ於テハ區長ヲシテ之ヲ告知セシメ）同時ニ當選者ノ住所氏名ヲ告示シ且選擧錄ノ寫（投票錄アルトキハ併セテ投票錄ノ寫）ヲ添ヘ之ヲ府縣知事ニ報告スヘシ當選者ナキトキハ直ニ其ノ旨ヲ告示シ且選擧錄ノ寫（投票錄アルトキハ併セテ投票錄ノ寫）ヲ添ヘ之ヲ府縣知事ニ報告スヘシ

2 **當選者當選ヲ辭セムトスルトキハ當選ノ告知ヲ受ケタル日ヨリ五日以內ニ之ヲ市長ニ申立ツヘシ**

3 一人ニシテ數選擧區ニ於テ當選シタルトキハ最終ニ當選ノ告知ヲ受ケタル日ヨリ五日以內ニ何レノ當選ニ應スヘキカヲ市長ニ申立ツヘシ其ノ期間內ニ之ヲ申立テサルトキハ市長抽籤シテ之ヲ定ム

者ニ當選ノ旨ヲ告知シ第六條ノ市ニ於テハ區長ヲシテ之ヲ告知セシムヘシ

3 一人ニシテ數級又ハ數選擧區ニ於テ當選シタルトキハ最終ニ當選ノ告知ヲ受ケタル日ヨリ五日以內ニ何レノ當選ニ應スヘキカヲ市長ニ申立ツヘシ其ノ期間內ニ之ヲ申立テサルトキハ市長抽籤シテ之ヲ定ム

4 官吏ニシテ當選シタル者ハ所屬長官ノ許可ヲ受クルニ非サレハ之ニ應スルコトヲ得ス

5 前項ノ官吏ハ當選ノ告知ヲ受ケタル日ヨリ二十日以內ニ之ニ應スヘキ旨ヲ市長ニ申立テサルトキハ其ノ當選ヲ辭シタルモノト看做ス第三項ノ場合ニ於テ何レノ當選ニ應スヘキカヲ申立テサルトキハ總テ之ヲ辭シタルモノト看做ス

6 市ニ對シ請負ヲ爲シ又ハ市ニ於テ費用ヲ負擔スル事業ニ付市長若ハ其ノ委任ヲ受ケタル者ニ對シ請負ヲ爲ス者若ハ其ノ支配人又ハ主トシテ同一ノ行爲ヲ爲ス法人ノ無限責任社員、役員若ハ支配人ニシテ當選シタル者ハ其ノ請負ヲ罷メ又ハ請負ヲ爲ス者ノ支配人若ハ主トシテ同一ノ行爲ヲ爲ス法人ノ無限責任社

---

4 第十八條第二項ニ揭ケサル官吏ニシテ當選シタル者ハ所屬長官ノ許可ヲ受クルニ非サレハ之ニ應スルコトヲ得ス

員、役員若ハ支配人タルコトナキニ至ルニ非サレハ當選ニ應スルコトヲ得ス第二項又ハ第三項ノ期限前ニ其ノ旨ヲ市長ニ申立テサルトキハ其ノ當選ヲ辭シタルモノト看做ス

7前項ノ役員トハ取締役、監査役及之ニ準スヘキ者並清算人ヲ謂フ

第三十三條　當選者左ニ掲クル事由ノ一ニ該當スルトキハ三月以内ニ更ニ選擧ヲ行フヘシ但シ第二項ノ規定ニ依リ更ニ選擧ヲ行フコトナクシテ當選者ヲ定メ得ル場合ハ此ノ限ニ在ラス

一　當選ヲ辭シタルトキ

二　數選擧區ニ於テ當選シタル場合ニ於テ前條第三項ノ規定ニ依リ一ノ選擧區ノ當選ニ應シ又ハ抽

第三十三條　當選者當選ヲ辭シタルトキ、數級若ハ數選擧區ニ於テ當選シタル場合ニ於テ前條第三項ノ規定ニ依リ一ノ級若ハ選擧區ノ當選ニ應シ若ハ抽籤ニ依リ一ノ級若ハ選擧區ノ當選者ト定マリタル爲他ノ級若ハ選擧區ニ於テ當選者タラサルニ至リタルトキ、死亡者ナルトキ又ハ選擧ニ關スル犯罪ニ依リ刑ニ處セラレ其ノ當選無效ト爲リタルトキハ更ニ選擧ヲ行フヘシ但シ其ノ當選者第三十條第二項ノ規定ノ

籤ニ依リ一ノ選擧區ノ當選者ト定マリタル爲他ノ選擧區ニ於テ當選者タラサルニ至リタルトキ

三　第三十條ノ二ノ規定ニ依リ當選ヲ失ヒタルトキ

四　死亡者ナルトキ

五　選擧ニ關スル犯罪ニ依リ刑ニ處セラレ其ノ當選無效ト爲リタルトキ但シ同一人ニ關シ前各號ノ事由ニ依ル選擧又ハ補闕選擧ノ告示ヲ爲シタル場合ハ此ノ限ニ在ラス

2　前項ノ事由前條第二項、第三項若ハ第五項ノ規定ニ依ル期限前ニ生シタル場合ニ於テ第三十條第一項但書ノ得票者ニシテ當選者ト爲ラサリシ者アルトキ又ハ其ノ期限經過後ニ生シタル場合ニ於テ第三十條第二項ノ規定ノ適用ヲ受ケタル得票者ニシテ當選者ト

適用又ハ準用ニ依リ當選者ト爲リタル者ナル場合ニ於テハ第二十條第二項ノ例ニ依ル

2　當選者選擧ニ關スル犯罪ニ依リ刑ニ處セラレ其ノ當選無效ト爲リタルトキ其ノ前ニ其ノ者ニ關スル補闕選擧若ハ前項ノ選擧ノ告示ヲ爲シタル場合又ハ更ニ選擧ヲ行フコトナクシテ當選者ヲ定メタル場合ニ於テハ前項ノ規定ヲ適用セス

爲ラサリシ者アルトキハ直ニ選擧會ヲ開キ其ノ者ノ中ニ就キ當選者ヲ定ムヘシ

3 前項ノ場合ニ於テ第三十條第一項但書ノ得票者ニシテ當選者ト爲ラサリシ者選擧ノ期日後ニ於テ被選擧權ヲ有セサルニ至リタルトキハ之ヲ當選者ト定ムルコトヲ得ス

4 第二項ノ場合ニ於テハ市長ハ豫メ選擧會ノ場所及日時ヲ告示スヘシ

5 第一項ノ期間ハ第三十六條第八項ノ規定ノ適用アル場合ニ於テハ選擧ヲ行フコトヲ得サル事由已ミタル日ノ翌日ヨリ之ヲ起算ス

6 第一項ノ事由議員ノ任期滿了前六月以內ニ生シタルトキハ第一項ノ選擧ハ之ヲ行ハス但シ議員ノ數其ノ

定數ノ三分ノ二ニ滿チサルニ至リタルトキハ此ノ限ニ在ラス

第三十四條　第三十二條第二項ノ期間ヲ經過シタルトキ、同條第三項若ハ第五項ノ申立アリタルトキ又ハ同條第三項ノ規定ニ依リ抽籤ヲ爲シタルトキハ市長ハ直ニ當選者ノ住所氏名ヲ告示シ併セテ之ヲ府縣知事ニ報告スヘシ

2　當選者ナキニ至リタルトキ又ハ當選者其ノ選擧ニ於ケル議員ノ定數ニ達セサルニ至リタルトキハ市長ハ直ニ其ノ旨ヲ告示シ併セテ之ヲ府縣知事ニ報告スヘシ

第三十五條　選擧ノ規定ニ違反スルコトアルトキハ選

第三十四條　選擧ヲ終リタルトキハ市長ハ直ニ選擧錄ノ謄本ヲ添ヘ之ヲ府縣知事ニ報告スヘシ

第三十五條　選擧ノ規定ニ違反スルコトアルトキハ選

擧ノ結果ニ異動ヲ生スルノ虞アル場合ニ限リ其ノ選擧ノ全部又ハ一部ヲ無效トス但シ當選ニ異動ヲ生スルノ虞ナキ者ヲ區分シ得ルトキハ其ノ者ニ限リ當選ヲ失フコトナシ

第三十六條 選擧人選擧又ハ當選ノ效力ニ關シ異議アルトキハ選擧ニ關シテハ選擧ノ日ヨリ當選ニ關シテハ第三十二條第一項又ハ第三十四條第二項ノ告示ノ日ヨリ七日以内ニ之ヲ市長ニ申立ツルコトヲ得此ノ場合ニ於テハ市長ハ七日以内ニ市會ノ決定ニ付スヘシ市會ハ其ノ送付ヲ受ケタル日ヨリ十四日以内ニ之ヲ決定スヘシ

2 前項ノ決定ニ不服アル者ハ府縣參事會ニ訴願スルコトヲ得

擧ノ結果ニ異動ヲ生スルノ虞アル場合ニ限リ其ノ選擧ノ全部又ハ一部ヲ無效トス

第三十六條 選擧人選擧又ハ當選ノ效力ニ關シ異議アルトキハ選擧ニ關シテハ選擧ノ日ヨリ當選ニ關シテハ第三十四條第二項ノ告示ノ日ヨリ七日以内ニ之ヲ市長ニ申立ツルコトヲ得此ノ場合ニ於テハ市長ハ七日以内ニ市會ノ決定ニ付スヘシ市會ハ其ノ送付ヲ受ケタル日ヨリ十四日以内ニ之ヲ決定スヘシ

3 府縣知事ハ選擧又ハ當選ノ效力ニ關シ異議アルトキハ選擧ニ關シテハ第三十二條第一項ノ報告ヲ受ケタル日ヨリ當選ニ關シテハ第三十二條第一項又ハ第三十四條第二項ノ報告ヲ受ケタル日ヨリ二十日以内ニ之ヲ府縣參事會ノ決定ニ付スルコトヲ得

4 前項ノ決定アリタルトキハ同一事件ニ付爲シタル異議ノ申立及市會ノ決定ハ無效トス

5 第二項若ハ第六項ノ裁決又ハ第三項ノ決定ニ不服アル者ハ行政裁判所ニ出訴スルコトヲ得

6 第一項ノ決定ニ付テハ市長ヨリモ訴願ヲ提起スルコトヲ得

7 第二項若ハ前項ノ裁決又ハ第三項ノ決定ニ付テハ府縣知事又ハ市長ヨリモ訴訟ヲ提起スルコトヲ得

---

3 府縣知事ハ選擧又ハ當選ノ效力ニ關シ異議アルトキハ選擧ニ關シテハ第三十四條第一項ノ報告ヲ受ケタル日ヨリ當選ニ關シテハ同條第二項ノ報告ヲ受ケタル日ヨリ二十日以内ニ之ヲ府縣參事會ノ決定ニ付スルコトヲ得

8 第二十條、第三十三條又ハ第三十七條第一項若ハ第三項ノ選擧ハ之ニ關係アル選擧又ハ當選ニ關スル異議申立期間、異議ノ決定若ハ訴願ノ裁決確定セサル間又ハ訴訟ノ繫屬スル間之ヲ行フコトヲ得ス

9 市會議員ハ選擧又ハ當選ニ關スル決定若ハ裁決確定シ又ハ判決アル迄ハ會議ニ列席シ議事ニ參與スルノ權ヲ失ハス

第三十七條　選擧無效ト確定シタルトキハ三月以内ニ更ニ選擧ヲ行フヘシ

2 當選無效ト確定シタルトキハ直ニ選擧會ヲ開キ更ニ當選者ヲ定ムヘシ此ノ場合ニ於テハ第三十三條第三項及第四項ノ規定ヲ準用ス

3 當選者ナキトキ、當選者ナキニ至リタルトキ又ハ當

---

8 第二十條、第三十三條又ハ第三十七條第三項ノ選擧ハ之ニ關係アル選擧又ハ當選ニ關スル異議申立期間、異議ノ決定若ハ訴願ノ裁決確定セサル間又ハ訴訟ノ繫屬スル間之ヲ行フコトヲ得ス

第三十七條　當選無效ト確定シタルトキハ市長ハ直ニ第三十條ノ例ニ依リ更ニ當選者ヲ定ムヘシ

2 選擧無效ト確定シタルトキハ更ニ選擧ヲ行フヘシ

3 議員ノ定數ニ足ル當選者ヲ得ルコト能ハサルトキハ其ノ不足ノ員數ニ付更ニ選擧ヲ行フヘシ此ノ場合ニ於テハ第三十條第一項但書ノ規定ヲ適用セス

選者其ノ選擧ニ於ケル議員ノ定數ニ達セサルトキ若ハ定數ニ達セサルニ至リタルトキハ三月以內ニ更ニ選擧ヲ行フヘシ

4 第三十三條第五項及第六項ノ規定ハ第一項及前項ノ選擧ニ之ヲ準用ス

第三十八條 市會議員被選擧權ヲ有セサル者ナルトキ又ハ第三十二條第六項ニ揭クル者ナルトキハ其ノ職ヲ失フ其ノ被選擧權ノ有無又ハ第三十二條第六項ニ揭クル者ニ該當スルヤ否ハ市會議員カ左ノ各號ノ一ニ該當スルニ因リ被選擧權ヲ有セサル場合ヲ除クノ外市會之ヲ決定ス

一 禁治產者又ハ準禁治產者ト爲リタルトキ

二 破產者ト爲リタルトキ

第三十八條 市會議員ニシテ被選擧權ヲ有セサル者ハ其ノ職ヲ失フ其ノ被選擧權ノ有無ハ市會議員カ左ノ各號ノ一ニ該當スルニ因リ被選擧權ヲ有セサル場合ヲ除クノ外市會之ヲ決定ス

一 禁治產者又ハ準禁治產者ト爲リタルトキ

二 家資分散又ハ破產ノ宣告ヲ受ケ其ノ宣告確定シタルトキ

三 禁錮以上ノ刑ニ處セラレタルトキ

四 選擧ニ關スル犯罪ニ依リ罰金ノ刑ニ處セラレタルトキ

三　禁錮以上ノ刑ニ處セラレタルトキ
四　選擧ニ關スル犯罪ニ依リ罰金ノ刑ニ處セラレタルトキ
2 市長ハ市會議員中被選擧權ヲ有セサル者又ハ第三十二條第六項ニ揭クル者アリト認ムルトキハ之ヲ市會ノ決定ニ付スヘシ市會ハ其ノ送付ヲ受ケタル日ヨリ十四日以內ニ之ヲ決定スヘシ
3 第一項ノ決定ヲ受ケタル者其ノ決定ニ不服アルトキハ府縣參事會ニ訴願シ其ノ裁決又ハ第四項ノ裁決ニ不服アルトキハ行政裁判所ニ出訴スルコトヲ得
4 第一項ノ決定及前項ノ裁決ニ付テハ市長ヨリモ訴願又ハ訴訟ヲ提起スルコトヲ得
5 前二項ノ裁決ニ付テハ府縣知事ヨリモ訴訟ヲ提起ス

---

2 市長ハ市會議員中被選擧權ヲ有セサル者アリト認ムルトキハ之ヲ市會ノ決定ニ付スヘシ市會ハ其ノ送付ヲ受ケタル日ヨリ十四日以內ニ之ヲ決定スヘシ

ルコトヲ得

6 第三十六條第九項ノ規定ハ第一項及前三項ノ場合ニ之ヲ準用ス

7 第一項ノ決定ハ文書ヲ以テ之ヲ爲シ其ノ理由ヲ附シ之ヲ本人ニ交付スヘシ

第三十九條 第二十一條ノ三及第三十六條ノ場合ニ於テ府縣參事會ノ決定及裁決ハ府縣知事、市會ノ決定ハ市長直ニ之ヲ告示スヘシ

第三十九條ノ二 勅令ヲ以テ指定スル市（第六條ノ市ノ區ヲ含ム）ノ市會議員（又ハ區會議員）ノ選擧ニ付テハ府縣制第十三條ノ二、第十三條ノ三、第二十九條ノ三及第三十四條ノ二ノ規定ヲ準用ス此ノ場合ニ於テハ第二十三條第三項及第五項、第二十五條第

第三十九條 第二十一條及第三十六條ノ場合ニ於テ府縣參事會ノ決定及裁決ハ府縣知事、市會ノ決定ハ市長直ニ之ヲ告示スヘシ

五項及第七項、第二十五條ノ三、第二十八條、第二十九條、第三十三條第一項竝第三十六條第一項ノ規定ニ拘ラス勅令ヲ以テ特別ノ規定ヲ設クルコトヲ得

第三十九條ノ三　前條ノ規定ニ依ル選擧ニ付テハ衆議院議員選擧法第十章及第十一章竝第百四十條第二項及第百四十二條ノ規定ヲ準用ス但シ議員候補者一人ニ付定ムヘキ選擧事務所ノ數、選擧委員及選擧事務員ノ數並選擧運動ノ費用ノ額ニ關シテハ勅令ノ定ムル所ニ依ル

2 前條ノ規定ニ依ル選擧ヲ除クノ外市會議員（又ハ第六條ノ市ノ區ノ區會議員）ノ選擧ニ付テハ衆議院議員選擧法第九十一條、第九十二條、第九十八條、第

九十九條第二項、第百條及第百四十二條ノ規定ヲ準用ス

第四十條 本法又ハ本法ニ基キテ發スル勅令ニ依リ設置スル議會ノ議員ノ選擧ニ付テハ衆議院議員選擧ニ關スル罰則ヲ準用ス

第二欵　職務權限

第四十一條 市會ハ市ニ關スル事件及法律勅令ニ依リ其ノ權限ニ屬スル事件ヲ議決ス

第四十二條 市會ノ議決スヘキ事件ノ概目左ノ如シ

一　市條例及市規則ヲ設ケ又ハ改廢スル事

二　市費ヲ以テ支辨スヘキ事業ニ關スル事但シ第九十三條ノ事務及法律勅令ニ規定アルモノハ此ノ限ニ在ラス

三　歲入出豫算ヲ定ムル事

四　決算報告ヲ認定スル事

五　法令ニ定ムルモノヲ除クノ外使用料、手數料、加入金、市税又ハ夫役現品ノ賦課徵收ニ關スル事

六　不動產ノ管理處分及取得ニ關スル事

七　基本財產及積立金穀等ノ設置管理及處分ニ關スル事

八　歲入出豫算ヲ以テ定ムルモノヲ除クノ外新ニ義務ノ負擔ヲ爲シ及權利ノ抛棄ヲ爲ス事

九　財產及營造物ノ管理方法ヲ定ムルコト但シ法律勅令ニ規定アルモノハ此ノ限ニ在ラス

十　市吏員ノ身元保證ニ關スル事

十一　市ニ係ル訴願訴訟及和解ニ關スル事

第四十三條　市會ハ其ノ權限ニ屬スル事項ノ一部ヲ市

參事會ニ委任スルコトヲ得

第四十四條　市會ハ法律勅令ニ依リ其ノ權限ニ屬スル選擧ヲ行フヘシ

第四十五條　市會ハ市ノ事務ニ關スル書類及計算書ヲ檢閲シ市長ノ報告ヲ請求シテ事務ノ管理、議決ノ執行及出納ヲ檢査スルコトヲ得

2 市會ハ議員中ヨリ委員ヲ選擧シ市長又ハ其ノ指名シタル吏員立會ノ上實地ニ就キ前項市會ノ權限ニ屬スル事件ヲ行ハシムルコトヲ得

第四十六條　市會ハ市ノ公益ニ關スル事件ニ付意見書ヲ市長又ハ監督官廳ニ提出スルコトヲ得

第四十七條　市會ハ行政廳ノ諮問アルトキハ意見ヲ答申スヘシ

2 市會ノ意見ヲ徵シテ處分ヲ爲スヘキ場合ニ於テ市會

成立セス、招集ニ應セス若ハ意見ヲ提出セス又ハ市會ヲ招集スルコト能ハサルトキハ當該行政廳ハ其ノ意見ヲ俟タスシテ直ニ處分ヲ爲スコトヲ得

第四十八條　市會ハ議員中ヨリ議長及副議長一人ヲ選擧スヘシ

2 議長及副議長ノ任期ハ議員ノ任期ニ依ル

第四十九條　議長故障アルトキハ副議長之ニ代ハリ議長及副議長共ニ故障アルトキハ臨時ニ議員中ヨリ假議長ヲ選擧スヘシ

2 前項假議長ノ選擧ニ付テハ年長ノ議員議長ノ職務ヲ代理ス年齢同シキトキハ抽籤ヲ以テ之ヲ定ム

第五十條　市長及其ノ委任又ハ囑託ヲ受ケタル者ハ會議ニ列席シテ議事ニ參與スルコトヲ得但シ議決ニ加

第四十九條　議長故障アルトキハ副議長之ニ代ハリ議長及副議長共ニ故障アルトキハ年長ノ議員議長ノ職務ヲ代理ス年齢同シキトキハ抽籤ヲ以テ之ヲ定ム

ハルコトヲ得ス

2 前項ノ列席者發言ヲ求ムルトキハ議長ハ直ニ之ヲ許スヘシ但シ之カ爲議員ノ演説ヲ中止セシムルコトヲ得ス

第五十一條　市會ハ市長之ヲ招集ス議員定數三分ノ一以上ノ請求アルトキハ市長ハ之ヲ招集スヘシ

2 市長ハ必要アル場合ニ於テハ會期ヲ定メテ市會ヲ招集スルコトヲ得

3 招集及會議ノ事件ハ開會ノ日前三日目迄ニ之ヲ告知スヘシ但シ急施ヲ要スル場合ハ此ノ限ニ在ラス

4 市會開會中急施ヲ要スル事件アルトキハ市長ハ直ニ之ヲ其ノ會議ニ付スルコトヲ得會議ニ付スル日前三日目迄ニ告知ヲ爲シタル事件ニ付亦同シ

---

3 招集及會議ノ事件ハ開會ノ日ヨリ少クトモ三日前ニ之ヲ告知スヘシ但シ急施ヲ要スル場合ハ此ノ限ニ在ラス

4 市會開會中急施ヲ要スル事件アルトキハ市長ハ直ニ之ヲ其ノ會議ニ付スルコトヲ得三日前迄ニ告知ヲ爲シタル事件ニ付亦同シ

5 市會ハ市長之ヲ開閉ス

第五十二條　市會ハ議員定數ノ半數以上出席スルニ非サレハ會議ヲ開クコトヲ得ス但シ第五十四條ノ除斥ノ爲半數ニ滿タサルトキ、同一ノ事件ニ付招集再回ニ至ルモ仍半數ニ滿タサルトキ又ハ招集ニ應スルモ出席議員定數ヲ闕キ議長ニ於テ出席ヲ催告シ仍半數ニ滿タサルトキハ此ノ限ニ在ラス

第五十三條　市會ノ議事ハ過半數ヲ以テ決ス可否同數ナルトキハ議長ノ決スル所ニ依ル

2 議長ハ其ノ職務ヲ行フ場合ニ於テモ之カ爲議員トシテ議決ニ加ハルノ權ヲ失ハス

第五十四條　議長及議員ハ自己又ハ父母、祖父母、妻、子孫、兄弟姉妹ノ一身上ニ關スル事件ニ付テハ其ノ

議事ニ參與スルコトヲ得ス但シ市會ノ同意ヲ得タルトキハ會議ニ出席シ發言スルコトヲ得

第五十五條　法律勅令ニ依リ市會ニ於テ選擧ヲ行フトキハ本法中別段ノ規定アル場合ヲ除クノ外一人毎ニ無記名投票ヲ爲シ有效投票ノ過半數ヲ得タル者ヲ以テ當選者トス過半數ヲ得タル者ナキトキハ最多數ヲ得タル者二人ヲ取リ之ニ就キ決選投票ヲ爲サシム其ノ二人ヲ取ルニ當リ同數者アルトキハ年長者ヲ取リ年齡同シキトキハ議長抽籤シテ之ヲ定ム此ノ決選投票ニ於テハ多數ヲ得タル者ヲ以テ當選者トス同數ナルトキハ年長者ヲ取リ年齡同シキトキハ議長抽籤シテ之ヲ定ム

2　前項ノ場合ニ於テハ第二十五條及第二十八條ノ規定

ヲ準用シ投票ノ效力ニ關シ異議アルトキハ市會之ヲ決定ス

3 第一項ノ選擧ニ付テハ市會ハ其ノ議決ヲ以テ指名推選又ハ連名投票ノ法ヲ用ウルコトヲ得其ノ連名投票ノ法ヲ用ウル場合ニ於テハ前二項ノ例ニ依ル

4 連名投票ノ法ヲ用ウル場合ニ於テ其ノ投票ニシテ第二十八條第一號、第六號及第七號ニ該當スルモノ竝其ノ記載ノ人員選擧スヘキ定數ニ過キタルモノハ之ヲ無效トシ同條第二號、第四號及第五號ニ該當スルモノハ其ノ部分ノミヲ無效トス

5 連名投票ノ法ヲ用ウル場合ニ於テ過半數ノ投票ヲ得タル者選擧スヘキ定數ヲ超ユルトキハ最多數ヲ得タル者ヨリ順次選擧スヘキ定數ニ至ル迄ノ者ヲ以テ當

選者トシ同數者アルトキハ年長者ヲ取リ年齡同シキトキハ議長抽籤シテ之ヲ定ム

第五十六條　市會ノ會議ハ公開ス但シ左ノ場合ハ此ノ限ニ在ラス

一　市長ヨリ傍聽禁止ノ要求ヲ受ケタルモノ

二　議長又ハ議員三人以上ノ發議ニ依リ傍聽禁止ヲ可決シタルトキ

2 前項議長又ハ議員ノ發議ハ討論ヲ須キス其ノ可否ヲ決スヘシ

第五十七條　議長ハ會議ヲ總理シ會議ノ順序ヲ定メ其ノ日ノ會議ヲ開閉シ議場ノ秩序ヲ保持ス

2 議員定數ノ半數以上ヨリ請求アルトキハ議長ハ其ノ日ノ會議ヲ開クコトヲ要ス此ノ場合ニ於テ議長仍會

議ヲ開カサルトキハ第四十九條ノ例ニ依ル

3 前項議員ノ請求ニ依リ會議ヲ開キタルトキ又ハ議員中異議アルトキハ議長ハ會議ノ議決ニ依ルニ非サレハ其ノ日ノ會議ヲ閉チ又ハ中止スルコトヲ得ス

第五十八條 議員ハ選擧人ノ指示又ハ委囑ヲ受クヘカラス

2 議員ハ會議中無禮ノ語ヲ用キ又ハ他人ノ身上ニ渉リ言論スルコトヲ得ス

第五十九條 會議中本法又ハ會議規則ニ違ヒ其ノ他議場ノ秩序ヲ紊ス議員アルトキハ議長ハ之ヲ制止シ又ハ發言ヲ取消サシメ命ニ從ハサルトキハ當日ノ會議ヲ終ル迄發言ヲ禁止シ又ハ議場外ニ退去セシメ必要アル場合ニ於テハ警察官吏ノ處分ヲ求ムルコトヲ得

2 議場騒擾ニシテ整理シ難キトキハ議長ハ當日ノ會議ヲ中止シ又ハ之ヲ閉ツルコトヲ得

第六十條 傍聽人公然可否ヲ表シ又ハ喧騒ニ渉リ其ノ他會議ノ妨害ヲ爲ストキハ議長ハ之ヲ制止シ命ニ従ハサルトキハ之ヲ退場セシメ必要アル場合ニ於テハ警察官吏ノ處分ヲ求ムルコトヲ得

2 傍聽席騒擾ナルトキハ議長ハ總テノ傍聽人ヲ退場セシメ必要アル場合ニ於テハ警察官吏ノ處分ヲ求ムルコトヲ得

第六十一條 市會ニ書記ヲ置キ議長ニ隷屬シテ庶務ヲ處理セシム

2 書記ハ議長之ヲ任免ス

第六十二條 議長ハ書記ヲシテ會議録ヲ調製シ會議ノ

顚末及出席議員ノ氏名ヲ記載セシムヘシ

2 會議錄ハ議長及議員二人以上之ニ署名スルコトヲ要ス其ノ議員ハ市會ニ於テ之ヲ定ムヘシ

3 議長ハ會議錄ヲ添ヘ會議ノ結果ヲ市長ニ報告スヘシ

第六十三條 市會ハ會議規則及傍聽人取締規則ヲ設クヘシ

2 會議規則ニハ本法及會議規則ニ違反シタル議員ニ對シ市會ノ議決ニ依リ五日以內出席ヲ停止スル規定ヲ設クルコトヲ得

第三章 市參事會

第一款 組織及選擧

第六十四條 市ニ市參事會ヲ置キ左ノ職員ヲ以テ之ヲ組織ス

---

2 會議規則ニハ本法及會議規則ニ違反シタル議員ニ對シ市會ノ議決ニ依リ三日以內出席ヲ停止シ又ハ二圓以下ノ過怠金ヲ科スル規定ヲ設クルコトヲ得

一　市長
二　助役
三　名譽職參事會員
2 前項ノ外市參與ヲ置ク市ニ於テハ市參與ハ參事會員トシテ其ノ擔任事業ニ關スル場合ニ限リ會議ニ列席シ議事ニ參與ス
第六十五條　名譽職參事會員ノ定數ハ六人トス但シ第六條ノ市ニ在リテハ市條例ヲ以テ十二人迄之ヲ增加スルコトヲ得
2 名譽職參事會員ハ市會ニ於テ其ノ議員中ヨリ之ヲ選擧スヘシ其ノ選擧ニ關シテハ第二十五條第二十八條及第三十條ノ規定ヲ準用シ投票ノ效力ニ關シ異議アルトキハ市會之ヲ決定ス

3 名譽職參事會員中闕員アルトキハ直ニ補闕選擧ヲ行フヘシ

4 名譽職參事會員ハ隔年之ヲ選擧スヘシ

5 名譽職參事會員ハ後任者ノ就任スルニ至ル迄在任ス市會議員ノ任期滿了シタルトキ亦同シ

6 名譽職參事會員ハ其ノ選擧ニ關シ第九十條ノ處分確定シ又ハ判決アル迄ハ會議ニ列席シ議事ニ參與スルノ權ヲ失ハス

第六十六條　市參事會ハ市長ヲ以テ議長トス市長故障アルトキハ市長代理者之ヲ代理ス

第二欵　職務權限

第六十七條　市參事會ノ職務權限左ノ如シ

一　市會ノ權限ニ屬スル事件ニシテ其ノ委任ヲ受ケ

---

4 名譽職參事會員ノ任期ハ市會議員ノ任期ニ依ル但シ市會議員ノ任期滿了ノ場合ニ於テハ後任名譽職參事會員選擧ノ日迄在任ス

タルモノヲ議決スル事

二　削除

三　其ノ他法令ニ依リ市參事會ノ權限ニ屬スル事件

第六十八條　市參事會ハ市長之ヲ招集ス名譽職參事會員定數ノ半數以上ノ請求アルトキハ市長ハ之ヲ招集スヘシ

第六十九條　市參事會ノ會議ハ傍聽ヲ許サス

第七十條　市參事會ハ議長又ハ其ノ代理者及名譽職參事會員定數ノ半數以上出席スルニ非サレハ會議ヲ開クコトヲ得ス但シ第二項ノ除斥ノ爲名譽職參事會員其ノ半數ニ滿タサルトキ、同一ノ事件ニ付招集再回ニ至ルモ仍名譽職參事會員其ノ半數ニ滿タサルトキ又ハ招集ニ應スルモ出席名譽職參事會員定數ヲ闕キ

二　市長ヨリ市會ニ提出スル議案ニ付市長ニ對シ意見ヲ述フル事

議長ニ於テ出席ヲ催告シ仍半數ニ滿タサルトキハ此ノ限ニ在ラス

2 議長及參事會員ハ自己又ハ父母、祖父母、妻、子孫、兄弟姉妹ノ一身上ニ關スル事件ニ付テハ其ノ議事ニ參與スルコトヲ得ス但シ市參事會ノ同意ヲ得タルトキハ會議ニ出席シ發言スルコトヲ得

3 議長及其ノ代理者共ニ前項ノ場合ニ當ルトキハ年長ノ名譽職參事會員議長ノ職務ヲ代理ス

第七十一條 第四十六條第四十七條第五十條第五十一條第二項及第五項第五十三條第五十五條第五十七條乃至第五十九條第六十一條竝第六十二條第一項及第二項ノ規定ハ市參事會ニ之ヲ準用ス

第四章　市　吏　員

第一欵　組織選擧及任免

第七十二條　市ニ市長及助役一人ヲ置ク但シ第六條ノ市ノ助役ノ定數ハ内務大臣之ヲ定ム
2 助役ノ定數ハ市條例ヲ以テ之ヲ增加スルコトヲ得
3 特別ノ必要アル市ニ於テハ市條例ヲ以テ市參與ヲ置クコトヲ得其ノ定數ハ其ノ市條例中ニ之ヲ規定スヘシ

第七十三條　市長ハ有給吏員トシ其ノ任期ハ四年トス
2 市長ハ市會ニ於テ之ヲ選擧ス
3 市長ハ其ノ退職セムトスル日前三十日目迄ニ申立ツルニ非サレハ任期中退職スルコトヲ得ス但シ市會ノ承認ヲ得タルトキハ此ノ限ニ在ラス

第七十四條　市參與ハ名譽職トス但シ定數ノ全部又ハ

---

2 内務大臣ハ市會ヲシテ市長候補者三人ヲ選擧推薦セシメ上奏裁可ヲ請フヘシ
3 市長ハ内務大臣ノ認可ヲ受クルニ非サレハ任期中退職スルコトヲ得ス

一部ヲ有給吏員ト為スコトヲ得此ノ場合ニ於テハ第七十二條第三項ノ市條例中ニ之ヲ規定スヘシ
2 市參與ハ市長ノ推薦ニ依リ市會之ヲ定ム
3 名譽職市參與ハ市公民中選擧權ヲ有スル者ニ限ル
第七十五條　助役ハ有給吏員トシ其ノ任期ハ四年トス
2 助役ハ市長ノ推薦ニ依リ市會之ヲ定メ市長職ニ在ラサルトキハ市會ニ於テ之ヲ選擧ス
3 第七十三條第三項ノ規定ハ助役ニ之ヲ準用ス
第七十六條　市長有給市參與及助役ハ第九條第一項ノ規定ニ拘ラス在職ノ間其ノ市ノ公民トス
第七十七條　市長市參與及助役ハ第十八條第二項又ハ第四項ニ掲ケタル職ト兼ヌルコトヲ得ス又其ノ市ニ對シ請負ヲ為シ又ハ其ノ市ニ於テ費用ヲ負擔スル事

---

2 市參與ハ市會ニ於テ之ヲ選擧シ內務大臣ノ認可ヲ受クヘシ
2 助役ハ市長ノ推薦ニ依リ市會之ヲ定メ市長職ニ在ラサルトキハ市會ニ於テ之ヲ選擧シ府縣知事ノ認可ヲ受クヘシ
3 前項ノ場合ニ於テ府縣知事ノ不認可ニ對シ市長又ハ市會ニ於テ不服アルトキハ內務大臣ニ具狀シテ認可ヲ請フコトヲ得
4 助役ハ府縣知事ノ認可ヲ受クルニ非サレハ任期中退職スルコトヲ得ス
第七十七條　市長市參與及助役ハ第十八條第二項ニ掲ケタル職ト兼ヌルコトヲ得ス又其ノ市ニ對シ請負ヲ

業ニ付市長若ハ其ノ委任ヲ受ケタル者ニ對シ請負ヲ爲ス者及其ノ支配人又ハ主トシテ同一ノ行爲ヲ爲ス法人ノ無限責任社員、取締役監査役若ハ之ニ準スヘキ者、清算人及支配人タルコトヲ得ス

第七十八條 市長ハ府縣知事ノ許可ヲ受クルニ非サレハ他ノ報償アル業務ニ從事スルコトヲ得ス

2 市長有給市參與及助役ハ會社ノ取締役監査役若ハ之ニ準スヘキ者清算人又ハ支配人其ノ他ノ事務員タルコトヲ得ス

第七十九條 市ニ收入役一人ヲ置ク但シ市條例ヲ以テ副收入役ヲ置クコトヲ得

2 第七十五條第一項及第二項、第七十六條、第七十七條竝前條第二項ノ規定ハ收入役及副收入役ニ之ヲ準

爲シ及同一ノ行爲ヲ爲ス者ノ支配人又ハ主トシテ同一ノ行爲ヲ爲ス法人ノ無限責任社員タルコトヲ得ス

2 市長ト父子兄弟タル縁故アル者ハ市參與又ハ助役ノ職ニ在ルコトヲ得ス

3 市參與ト父子兄弟タル縁故アル者ハ助役ノ職ニ在ルコトヲ得ス

4 父子兄弟タル縁故アル者ハ同時ニ市參與又ハ助役ノ職ニ在ルコトヲ得ス第十八條第六項ノ規定ハ此ノ場合ニ之ヲ準用ス

第七十八條 市長有給市參與及助役ハ府縣知事ノ許可ヲ受クルニ非サレハ他ノ報償アル業務ニ從事スルコトヲ得ス

2 第七十五條第一項乃至第三項第七十七條第一項及第四項竝前條ノ規定ハ收入役及副收入役ニ第七十六條

用ス

3 市長市參與又ハ助役ト父子兄弟タル緣故アル者ハ收入役又ハ副收入役ノ職ニ在ルコトヲ得ス收入役ト父子兄弟タル緣故アル者ハ副收入役ノ職ニ在ルコトヲ得ス

第八十條 第六條ノ市ノ區ニ區長一人ヲ置キ市有給吏員トシ市長之ヲ任免ス

2 第七十七條第一項及第七十八條第二項ノ規定ハ區長ニ之ヲ準用ス

第八十一條 第六條ノ市ノ區ニ區收入役一人又ハ區收入役及區副收入役各一人ヲ置ク

2 區收入役及區副收入役ハ第八十六條ノ吏員中市長、助役、市收入役、市副收入役又ハ區長トノ間及其ノ

ノ規定ハ収入役ニ之ヲ準用ス

2 第七十七條第一項及第七十八條ノ規定ハ區長ニ之ヲ準用ス

相互ノ間ニ父子兄弟タル緣故アラサル者ニ就キ市長之ヲ命ス

3 區收入役又ハ區副收入役ト爲リタル後市長、助役、市收入役、市副收入役又ハ區長トノ間ニ父子兄弟タル緣故生シタルトキハ區收入役又ハ區副收入役ハ其ノ職ヲ失フ

4 前項ノ規定ハ區收入役及區副收入役相互ノ間ニ於テ區副收入役ニ之ヲ準用ス

第八十二條　第六條ノ市ヲ除キ其ノ他ノ市ハ處務便宜ノ爲區ヲ劃シ區長及其ノ代理者一人ヲ置クコトヲ得

2 前項ノ區長及其ノ代理者ハ名譽職トス市公民中選擧權ヲ有スル者ヨリ市長ノ推薦ニ依リ市會之ヲ定ム

3 內務大臣ハ前項ノ規定ニ拘ラス區長ヲ有給吏員ト爲

---

2 前項ノ區長及其ノ代理者ハ名譽職トス市會ニ於テ市公民中選擧權ヲ有スル者ヨリ之ヲ選擧ス

スヘキ市ヲ指定スルコトヲ得

4 前項ノ區ニ付テハ第八十條第八十一條第九十四條第二項第九十七條第四項第九十八條及第九十九條ノ規定ヲ準用スルノ外必要ナル事項ハ勅令ヲ以テ之ヲ定ム

第八十三條　市ハ臨時又ハ常設ノ委員ヲ置クコトヲ得

2 委員ハ名譽職トス市會議員、名譽職參事會員又ハ市公民中選擧權ヲ有スル者ヨリ市長ノ推薦ニ依リ市會之ヲ定ム但シ委員長ハ市長又ハ其ノ委任ヲ受ケタル市參與若ハ助役ヲ以テ之ニ充ツ

3 委員ノ組織ニ關シテハ市條例ヲ以テ別段ノ規定ヲ設クルコトヲ得

第八十四條　市公民ニ限リテ擔任スヘキ職務ニ在ル吏

---

2 委員ハ名譽職トス市會ニ於テ市會議員、名譽職參事會員又ハ市公民中選擧權ヲ有スル者ヨリ之ヲ選擧ス但シ委員長ハ市長又ハ其ノ委任ヲ受ケタル市參與若ハ助役ヲ以テ之ニ充ツ

3 常設委員ノ組織ニ關シテハ市條例ヲ以テ別段ノ規定ヲ設クルコトヲ得

第八十四條　市公民ニ限リテ擔任スヘキ職務ニ在ル吏

員又ハ職ニ就キタルカ為市公民タル者選舉權ヲ有セサルニ至リタルトキハ其ノ職ヲ失フ

2 前項ノ職務ニ在ル者ニシテ禁錮以上ノ刑ニ當ルヘキ罪ノ為豫審又ハ公判ニ付セラレタルトキハ監督官廳ハ其ノ職務ノ執行ヲ停止スルコトヲ得此ノ場合ニ於テハ其ノ停止期間報酬又ハ給料ヲ支給スルコトヲ得ス

第八十五條 前數條ニ定ムル者ノ外市ニ必要ノ有給吏員ヲ置キ市長之ヲ任免ス

2 前項吏員ノ定數ハ市會ノ議決ヲ經テ之ヲ定ム

第八十六條 前數條ニ定ムル者ノ外第六條及第八十二條第三項ノ市ノ區ニ必要ノ市有給吏員ヲ置キ區長ノ申請ニ依リ市長之ヲ任免ス

員ニシテ市公民權ヲ喪失シ若ハ停止セラレタルトキ又ハ第十一條第三項ノ場合ニ當ルトキハ其ノ職ヲ失フ職ニ就キタルカ為市公民タル者ニシテ禁治產若ハ準禁治產ノ宣告ヲ受ケタルトキ又ハ第十一條第二項若ハ第三項ノ場合ニ當ルトキ亦同シ

前項吏員ノ定數ハ市會ノ議決ヲ經テ之ヲ定ム

第二欵　職務權限

第八十七條　市長ハ市ヲ統轄シ市ヲ代表ス

2 市長ノ擔任スル事務ノ概目左ノ如シ

一　市會及市參事會ノ議決ヲ經ヘキ事件ニ付其ノ議案ヲ發シ及其ノ議決ヲ執行スル事

二　財產及營造物ヲ管理スル事但シ特ニ之カ管理者ヲ置キタルトキハ其ノ事務ヲ監督スル事

三　收入支出ヲ命令シ及會計ヲ監督スル事

四　證書及公文書類ヲ保管スル事

五　法令又ハ市會ノ議決ニ依リ使用料、手數料、加入金、市稅又ハ夫役現品ヲ賦課徵收スル事

六　其ノ他法令ニ依リ市長ノ職權ニ屬スル事項

第八十八條　削除

第八十九條　市長ハ市吏員ヲ指揮監督シ之ニ對シ懲戒ヲ行フコトヲ得其ノ懲戒處分ハ譴責及十圓以下ノ過怠金トス

第九十條　市會又ハ市參事會ノ議決又ハ選擧其ノ權限ヲ越エ又ハ法令若ハ會議規則ニ背クト認ムルトキハ市長ハ其ノ意見ニ依リ又ハ監督官廳ノ指揮ニ依リ理由ヲ示シテ之ヲ再議ニ付シ又ハ再選擧ヲ行ハシムヘシ其ノ執行ヲ要スルモノニ在リテハ之ヲ停止スヘシ

2　前項ノ場合ニ於テ市會又ハ市參事會其ノ議決ヲ改メサルトキハ市長ハ府縣參事會ノ裁決ヲ請フヘシ但シ特別ノ理由アルトキハ再議ニ付セスシテ直ニ裁決ヲ

第八十八條　市長ハ議案ヲ市會ニ提出スル前之ヲ市參事會ノ審査ニ付シ其ノ意見ヲ議案ニ添ヘ市會ニ提出スヘシ

2　前項ノ規定ニ依リ市參事會ノ審査ニ付シタル場合ニ於テ市參事會意見ヲ述ヘサルトキハ市長ハ其ノ意見ヲ俟タスシテ議案ヲ議會ニ提出スルコトヲ得

日本の海洋政策と海洋法〔第3版〕

坂元茂樹 著

A5 変・上製・660 頁　ISBN978-4-7972-8275-7 C3332
定価：10,450 円（本体 9,500 円）

新たに「中国の海洋進出と日本の対応」を追加。国際協調の下で積極的・先導的役割を果たすべく、海洋立国日本に、いま求められるものは何か。21 世紀海洋秩序の構築と喫緊の課題を考究する。

社会的人権の理論　社会保障と人権に基づくアプローチ

秋元美世 著

A5 変・上製・280 頁　ISBN978-4-7972-8272-6 C3332
定価：5,940 円（本体 5,400 円）

権利保障を思想・理念の展開過程から考察。主に生活困難への対応要求が制度化される経緯と方法、制度や政策を基礎づける規範的要請としての人権や権利、権利の保障・実現のための方途を検討。

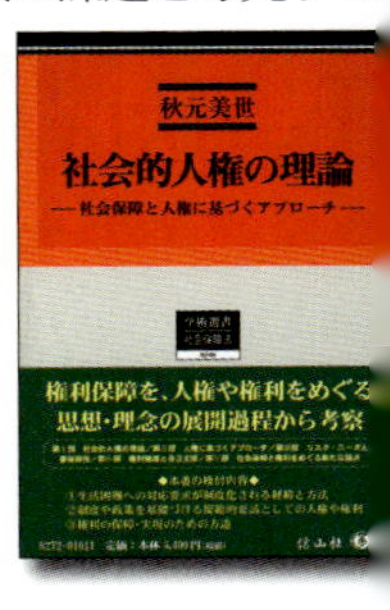

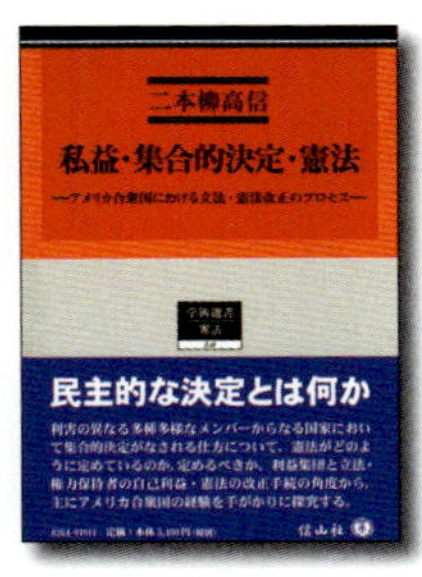

私益・集合的決定・憲法

アメリカ合衆国における立法・憲法改正のプロセス

二本柳高信 著

A5 変・上製・252 頁　ISBN978-4-7972-8264-1 C333
定価：5,940 円（本体 5,400 円）

国家において集合的決定がなされる仕方について、アメリカ合衆国の経験をてがかりに探究

プロセス講義 倒産法

加藤哲夫・山本　研 編

A5 変・並製・440 頁　ISBN978-4-7972-2663-8 C3332

定価：4,180 円（本体 3,800 円）

倒産法の置かれた多様な理論の深化と多彩な実務の展開に対応できるテキスト。倒産法全般を概説するだけでなく、個別論点も取り上げて解説する。事項・判例索引付き。

プロセス講義 民法Ⅵ 家族〔第2版〕

藤巻則・滝沢昌彦・片山直也 編

5 変・並製・336 頁　ISBN978-4-7972-2665-2 C3332

定価：3,740 円（本体 3,400 円）

述を、①趣旨説明、②基本説明、③展開説
と 3 段階化させた好評テキストの第 2 版。
新の法改正に対応させるとともに、生殖補
医療などの最新動向もフォロー。

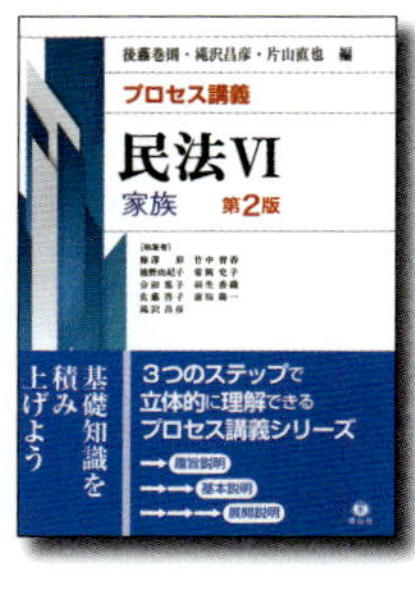

〈概観〉社会保障法総論・社会保険法〔第3版〕

伊奈川秀和 著

A5 変・並製・290 頁　ISBN978-4-7972-7039-6 C3332

定価：3,740 円（本体 3,400 円）

社会保障法のうちの総論と社会保険法の概説書。法制度全体を貫く原理や相互関係から、その見取図・各制度の本質を提示。「〈概観〉社会福祉法」の姉妹書。通達等の行政解釈も大幅に増強した第3版。

-0033 東京都文京区本郷6-2-9-102 東大正門前
3(3818)1019 FAX:03(3811)3580 E-mail:order@shinzansha.co.jp

請フコトヲ得

3 監督官廳ハ第一項ノ議決又ハ選擧ヲ取消スコトヲ得但シ裁決ノ申請アリタルトキハ此ノ限ニ在ラス

4 第二項ノ裁決又ハ前項ノ處分ニ不服アル市長市會又ハ市參事會ハ行政裁判所ニ出訴スルコトヲ得

5 市會又ハ市參事會ノ議決公益ヲ害シ又ハ市ノ收支ニ關シ不適當ナリト認ムルトキハ市長ハ其ノ意見ニ依リ又ハ監督官廳ノ指揮ニ依リ理由ヲ示シテ之ヲ再議ニ付スヘシ其ノ執行ヲ要スルモノニ在リテハ之ヲ停止スヘシ

6 前項ノ場合ニ於テ市會又ハ市參事會其ノ議決ヲ改メサルトキハ市長ハ府縣參事會ノ裁決ヲ請フヘシ

7 前項ノ裁決ニ不服アル市長市會又ハ市參事會ハ內務

大臣ニ訴願スルコトヲ得

8 第六項ノ裁決ニ付テハ府縣知事ヨリモ訴願ヲ提起スルコトヲ得

9 第二項ノ裁決ニ付テハ府縣知事ヨリモ訴訟ヲ提起スルコトヲ得

第九十一條　市會成立セサルトキ、第五十二條但書ノ場合ニ於テ仍會議ヲ開クコト能ハサルトキ又ハ市長ニ於テ市會ヲ招集スルノ暇ナシト認ムルトキハ市長ハ市會ノ權限ニ屬スル事件ヲ市參事會ノ議決ニ付スルコトヲ得

2 前項ノ規定ニ依リ市參事會ニ於テ議決ヲ爲ストキハ市長市參與及助役ハ其ノ議決ニ加ハルコトヲ得ス

3 市參事會成立セサルトキ又ハ第七十條第一項但書ノ場合ニ於テ仍會議ヲ開クコト能ハサルトキハ市長ハ其ノ議決スヘキ事件ニ付府縣參事會ノ議決ヲ請フコトヲ得

4 市會又ハ市參事會ニ於テ其ノ議決スヘキ事件ヲ議決セサルトキハ前項ノ例ニ依ル

5 市會又ハ市參事會ノ決定スヘキ事件ニ關シテハ前四項ノ例ニ依ル此ノ場合ニ於ケル市參事會又ハ府縣參事會ノ決定ニ關シテハ各本條ノ規定ニ準シ訴願又ハ訴訟ヲ提起スルコトヲ得

6 第一項及前三項ノ規定ニ依ル處置ニ付テハ次回ノ會議ニ於テ之ヲ市會又ハ市參事會ニ報告スヘシ

第九十二條　市參事會ニ於テ議決又ハ決定スヘキ事件

ニ關シ臨時急施ヲ要スル場合ニ於テ市參事會成立セサルトキ又ハ市長ニ於テ之ヲ招集スルノ暇ナシト認ムルトキハ市長ハ之ヲ專決シ次回ノ會議ニ於テ之ヲ市參事會ニ報告スヘシ

2 前項ノ規定ニ依リ市長ノ爲シタル處分ニ關シテハ各本條ノ規定ニ準シ訴願又ハ訴訟ヲ提起スルコトヲ得

第九十二條ノ二　市參事會ノ權限ニ屬スル事項ノ一部ハ其ノ議決ニ依リ市長ニ於テ專決處分スルコトヲ得

第九十三條　市長其ノ他市吏員ハ法令ノ定ムル所ニ依リ國府縣其ノ他公共團體ノ事務ヲ掌ル

2 前項ノ事務ヲ執行スル爲要スル費用ハ市ノ負擔トス但シ法令中別段ノ規定アルモノハ此ノ限ニ在ラス

第九十四條　市長ハ其ノ事務ノ一部ヲ助役ニ分掌セシムルコトヲ得但シ市ノ事務ニ付テハ豫メ市會ノ同意ヲ得ルコトヲ要ス

2 第六條ノ市ノ市長ハ前項ノ例ニ依リ其ノ事務ノ一部ヲ區長ニ分掌セシムルコトヲ得

3 市長ハ市吏員ヲシテ其ノ事務ノ一部ヲ臨時代理セシムルコトヲ得

第九十五條　市參與ハ市長ノ指揮監督ヲ承ケ市ノ經營ニ屬スル特別ノ事業ヲ擔任ス

第九十六條　助役ハ市長ノ事務ヲ補助ス

2 助役ハ市長故障アルトキ之ヲ代理ス助役數人アルトキハ豫メ市長ノ定メタル順序ニ依リ之ヲ代理ス

第九十七條　收入役ハ市ノ出納其ノ他ノ會計事務及第

第九十四條　市長ハ府縣知事ノ許可ヲ得テ其ノ事務ノ一部ヲ助役ニ分掌セシムルコトヲ得但シ市ノ事務ニ付テハ豫メ市會ノ同意ヲ得ルコトヲ要ス

九十三條ノ事務ニ關スル國府縣其ノ他公共團體ノ出納其ノ他ノ會計事務ヲ掌ル但シ法令中別段ノ規定アルモノハ此ノ限ニ在ラス

2 副收入役ハ收入役ノ事務ヲ補助シ收入役故障アルトキ之ヲ代理ス副收入役數人アルトキハ豫メ市長ノ定メタル順序ニ依リ之ヲ代理ス

3 市長ハ收入役ノ事務ノ一部ヲ副收入役ニ分掌セシムルコトヲ得但シ市ノ出納其ノ他ノ會計事務ニ付テハ豫メ市會ノ同意ヲ得ルコトヲ要ス

4 第六條ノ市ノ市長ハ前項ノ例ニ依リ收入役ノ事務ノ一部ヲ區收入役ニ分掌セシムルコトヲ得

5 副收入役ヲ置カサル場合ニ於テハ市會ハ市長ノ推薦ニ依リ收入役故障アルトキ之ヲ代理スヘキ吏員ヲ定

---

3 市長ハ府縣知事ノ許可ヲ得テ收入役ノ事務ノ一部ヲ副收入役ニ分掌セシムルコトヲ得但シ市ノ出納其ノ他ノ會計事務ニ付テハ豫メ市會ノ同意ヲ得ルコトヲ要ス

5 副收入役ヲ置カサル場合ニ於テハ市ハ收入役故障アルトキ之ヲ代理スヘキ吏員ヲ定メ府縣知事ノ認可ヲ受クヘシ

ムヘシ

第九十八條　第六條ノ市ノ區長ハ市長ノ命ヲ承ケ又ハ法令ノ定ムル所ニ依リ區內ニ關スル市ノ事務及區ノ事務ヲ掌ル

2 區長其ノ他區所屬ノ吏員ハ市長ノ命ヲ承ケ又ハ法令ノ定ムル所ニ依リ國府縣其ノ他公共團體ノ事務ヲ掌ル

3 區長故障アルトキハ區收入役及區副收入役ニ非サル區所屬ノ吏員中上席者ヨリ順次之ヲ代理ス

4 第一項及第二項ノ事務ヲ執行スル爲要スル費用ハ市ノ負擔トス但シ法令中別段ノ規定アルモノハ此ノ限ニ在ラス

第九十九條　第六條ノ市ノ區收入役ハ市收入役ノ命ヲ

承ケ又ハ法令ノ定ムル所ニ依リ市及區ノ出納其ノ他ノ會計事務竝國府縣其ノ他公共團體ノ出納其ノ他ノ會計事務ヲ掌ル

2 區長ハ市長ノ許可ヲ得テ區收入役ノ事務ノ一部ヲ區副收入役ニ分掌セシムルコトヲ得但シ區ノ出納其ノ他ノ會計事務ニ付テハ豫メ區會ノ同意ヲ得ルコトヲ要ス

3 市長ハ市ノ出納其ノ他ノ會計事務ニ付前項ノ許可ヲ爲ス場合ニ於テハ豫メ市會ノ同意ヲ得ルコトヲ要ス

4 區副收入役ヲ置カサル場合ニ於テハ市長ハ區收入役故障アルトキ之ヲ代理スヘキ吏員ヲ定ムヘシ

5 區收入役及區副收入役ノ職務權限ニ關シテハ前四項ニ規定スルモノノ外市收入役及市副收入役ニ關スル

規定ヲ準用ス

第百條 名譽職區長ハ市長ノ命ヲ承ケ市長ノ事務ニシテ區内ニ關スルモノヲ補助ス

2 名譽職區長代理者ハ區長ノ事務ヲ補助シ區長故障アルトキ之ヲ代理ス

第百一條 委員ハ市長ノ指揮監督ヲ承ケ財産又ハ營造物ヲ管理シ其ノ他委託ヲ受ケタル市ノ事務ヲ調査シ又ハ之ヲ處辨ス

第百二條 第八十五條ノ吏員ハ市長ノ命ヲ承ケ事務ニ從事ス

第百三條 第八十六條ノ吏員ハ區長ノ命ヲ承ケ事務ニ從事ス

2 區長ハ前項ノ吏員ヲシテ其ノ事務ノ一部ヲ臨時代理

セシムルコトヲ得

第五章　給料及給與

第百四條　名譽職市參與、市會議員、名譽職參事會員其ノ他ノ名譽職員ハ職務ノ爲要スル費用ノ辨償ヲ受クルコトヲ得

2 名譽職市參與、名譽職區長、名譽職區長代理者及委員ニハ費用辨償ノ外勤務ニ相當スル報酬ヲ給スルコトヲ得

3 費用辨償額、報酬額及其ノ支給方法ハ市會ノ議決ヲ經テ之ヲ定ム

第百五條　市長、有給市參與、助役其ノ他ノ有給吏員ノ給料額、旅費額及其ノ支給方法ハ市會ノ議決ヲ經テ之ヲ定ム

第百六條　有給吏員ニハ市條例ノ定ムル所ニ依リ退隱料、退職給與金、死亡給與又ハ遺族扶助料ヲ給スルコトヲ得

第百七條　費用辨償、報酬、給料、旅費、退隱料、退職給與金、死亡給與金又ハ遺族扶助料ノ給與ニ付關係者ニ於テ異議アルトキハ之ヲ市長ニ申立ツルコトヲ得

2 前項ノ異議ノ申立アリタルトキハ市長ハ七日以内ニ之ヲ市參事會ノ決定ニ付スヘシ關係者其ノ決定ニ不服アルトキハ府縣參事會ニ訴願シ其ノ裁決又ハ第三項ノ裁決ニ不服アルトキハ行政裁判所ニ出訴スルコトヲ得

3 前項ノ決定及裁決ニ付テハ市長ヨリモ訴願又ハ訴訟

---

2 前項ノ異議ハ之ヲ市參事會ノ決定ニ付スヘシ關係者其ノ決定ニ不服アルトキハ府縣參事會ニ訴願シ其ノ裁決又ハ第三項ノ裁決ニ不服アルトキハ行政裁判所ニ出訴スルコトヲ得

ヲ提起スルコトヲ得

4 前二項ノ裁決ニ付テハ府縣知事ヨリモ訴訟ヲ提起スルコトヲ得

第百八條 費用辨償、報酬、給料、旅費、退隱料、退職給與金、死亡給與金、遺族扶助料其ノ他ノ給與ハ市ノ負擔トス

第六章　市ノ財務

第一款　財產營造物及市稅

第百九條 收益ノ爲ニスル市ノ財產ハ基本財產トシ之ヲ維持スヘシ

2 市ハ特定ノ目的ノ爲特別ノ基本財產ヲ設ケ又ハ金穀等ヲ積立ツルコトヲ得

第百十條 舊來ノ慣行ニ依リ市住民中特ニ財產又ハ營

造物ヲ使用スル權利ヲ有スル者アルトキハ其ノ舊慣ニ依ル舊慣ヲ變更又ハ廢止セムトスルトキハ市會ノ議決ヲ經ヘシ

2 前項ノ財產又ハ營造物ヲ新ニ使用セムトスル者アルトキハ市ハ之ヲ許可スルコトヲ得

第百十一條 市ハ前條ニ規定スル財產ノ使用方法ニ關シ市規則ヲ設クルコトヲ得

第百十二條 市ハ第百十條第一項ノ使用者ヨリ使用料ヲ徵收シ同條第二項ノ使用ニ關シテハ使用料若ハ一時ノ加入金ヲ徵收シ又ハ使用料及加入金ヲ共ニ徵收スルコトヲ得

第百十三條 市ハ營造物ノ使用ニ付使用料ヲ徵收スルコトヲ得

2 市ハ特ニ一個人ノ為ニスル事務ニ付手數料ヲ徴收スルコトヲ得

第百十四條 財產ノ賣却貸與、工事ノ請負及物件勞力其ノ他ノ供給ハ競爭入札ニ付スヘシ但シ臨時急施ヲ要スルトキ、入札ノ價格其ノ費用ニ比シテ得失相償ハサルトキ又ハ市會ノ同意ヲ得タルトキハ此ノ限ニ在ラス

第百十五條 市ハ其ノ公益上必要アル場合ニ於テハ寄附又ハ補助ヲ為スコトヲ得

第百十六條 市ハ其ノ必要ナル費用及從來法令ニ依リ又ハ將來法律勅令ニ依リ市ノ負擔ニ屬スル費用ヲ支辨スル義務ヲ負フ

2 市ハ其ノ財產ヨリ生スル收入、使用料、手數料、過

料、過怠金其ノ他法令ニ依リ市ニ屬スル收入ヲ以テ前項ノ支出ニ充テ仍不足アルトキハ市税及夫役現品ヲ賦課徴收スルコトヲ得

第百十七條 市税トシテ賦課スルコトヲ得ヘキモノ左ノ如シ

一　國税府縣税ノ附加税

二　特別税

2 直接國税又ハ直接府縣税ノ附加税ハ均一ノ税率ヲ以テ之ヲ徴收スヘシ但シ第百六十七條ノ規定ニ依リ許可ヲ受ケタル場合ハ此ノ限ニ在ラス

3 國税ノ附加税タル府縣税ニ對シテハ附加税ヲ賦課スルコトヲ得ス

4 特別税ハ別ニ税目ヲ起シテ課税スルノ必要アルトキ賦課徴收スルモノトス

第百十八條　三月以上市内ニ滯在スル者ハ其ノ滯在ノ初ニ遡リ市稅ヲ納ムル義務ヲ負フ

第百十九條　市内ニ住所ヲ有セス又ハ三月以上滯在スルコトナシト雖市内ニ於テ土地家屋物件ヲ所有シ使用シ若ハ占有シ、市内ニ營業所ヲ設ケテ營業ヲ爲シ又ハ市内ニ於テ特定ノ行爲ヲ爲ス者ハ其ノ土地家屋物件營業若ハ其ノ收入ニ對シ又ハ其ノ行爲ニ對シテ賦課スル市稅ヲ納ムル義務ヲ負フ

第百二十條　納稅者ノ市外ニ於テ所有シ使用シ占有スル土地家屋物件若ハ其ノ收入又ハ市外ニ於テ營業所ヲ設ケタル營業若ハ其ノ收入ニ對シテハ市稅ヲ賦課スルコトヲ得ス

2 市ノ内外ニ於テ營業所ヲ設ケ營業ヲ爲ス者ニシテ其

ノ營業又ハ收入ニ對スル本稅ヲ分別シテ納メサルモノニ對シ附加稅ヲ賦課スル場合及住所滯在市ノ內外ニ涉ル者ノ收入ニシテ土地家屋物件又ハ營業所ヲ設ケタル營業ヨリ生スル收入ニ非サルモノニ對シ市稅ヲ賦課スル場合ニ付テハ勅令ヲ以テ之ヲ定ム

第百二十一條 所得稅法第十八條ニ揭クル所得ニ對シテハ市稅ヲ賦課スルコトヲ得ス

2 神社寺院祠宇佛堂ノ用ニ供スル建物及其ノ境內地竝敎會所說敎所ノ用ニ供スル建物及其ノ構內地ニ對シテハ市稅ヲ賦課スルコトヲ得ス但シ有料ニテ之ヲ使用セシムル者及住宅ヲ以テ敎會所說敎所ノ用ニ充ツル者ニ對シテハ此ノ限ニ在ラス

3 國府縣市町村其ノ他公共團體ニ於テ公用ニ供スル家

屋物件及營造物ニ對シテハ市稅ヲ賦課スルコトヲ得ス但シ有料ニテ之ヲ使用セシムル者及使用收益者ニ對シテハ此ノ限ニ在ラス

4 國ノ事業又ハ行爲及國有ノ土地家屋物件ニ對シテハ國ニ市稅ヲ賦課スルコトヲ得ス

5 前四項ノ外市稅ヲ賦課スルコトヲ得サルモノハ別ニ法律勅令ノ定ムル所ニ依ル

第百二十一條ノ二 市ハ公益上其ノ他ノ事由ニ因リ課稅ヲ不適當トスル場合ニ於テハ命令ノ定ムル所ニ依リ市稅ヲ課セサルコトヲ得

第百二十二條 數人ヲ利スル營造物ノ設置維持其ノ他ノ必要ナル費用ハ其ノ關係者ニ負擔セシムルコトヲ得

2 市ノ一部ヲ利スル營造物ノ設置維持其ノ他ノ必要ナル費用ハ其ノ部内ニ於テ市税ヲ納ムル義務アル者ニ負擔セシムルコトヲ得

3 前二項ノ場合ニ於テ營造物ヨリ生スル收入アルトキハ先ツ其ノ收入ヲ以テ其ノ費用ニ充ツヘシ前項ノ場合ニ於テ其ノ一部ノ收入アルトキ亦同シ

4 數人又ハ市ノ一部ヲ利スル財産ニ付テハ前三項ノ例ニ依ル

第百二十三條 市税及其ノ賦課徴收ニ關シテハ本法其ノ他ノ法律ニ規定アルモノノ外勅令ヲ以テ之ヲ定ムルコトヲ得

第百二十四條 數人又ハ市ノ一部ニ對シ特ニ利益アル事件ニ關シテハ市ハ不均一ノ賦課ヲ爲シ又ハ數人若

ハ市ノ一部ニ對シ賦課ヲ爲スコトヲ得

第百二十五條 夫役又ハ現品ハ直接市稅ヲ準率ト爲シ且之ヲ金額ニ算出シテ賦課スヘシ但シ第百六十七條ノ規定ニ依リ許可ヲ受ケタル場合ハ此ノ限ニ在ラス

2 學藝美術及手工ニ關スル勞務ニ付テハ夫役ヲ賦課スルコトヲ得ス

3 夫役ヲ賦課セラレタル者ハ本人自ラ之ニ當リ又ハ適當ノ代人ヲ出スコトヲ得

4 夫役又ハ現品ハ金錢ヲ以テ之ニ代フルコトヲ得

5 第一項及前項ノ規定ハ急迫ノ場合ニ賦課スル夫役ニ付テハ之ヲ適用セス

第百二十六條 非常災害ノ爲必要アルトキハ市ハ他人ノ土地ヲ一時使用シ又ハ其ノ土石竹木其ノ他ノ物品

ヲ使用シ若ハ收用スルコトヲ得但シ其ノ損失ヲ補償スヘシ

2 前項ノ場合ニ於テ危險防止ノ爲必要アルトキハ市長、警察官吏又ハ監督官廳ハ市內ノ居住者ヲシテ防禦ニ從事セシムルコトヲ得

3 第一項但書ノ規定ニ依リ補償スヘキ金額ハ協議ニ依リ之ヲ定ム協議調ハサルトキハ鑑定人ノ意見ヲ徵シ府縣知事之ヲ決定ス決定ヲ受ケタル者其ノ決定ニ不服アルトキハ內務大臣ニ訴願スルコトヲ得

4 前項ノ決定ハ文書ヲ以テ之ヲ爲シ其ノ理由ヲ附シ之ヲ本人ニ交付スヘシ

5 第一項ノ規定ニ依リ土地ノ一時使用ノ處分ヲ受ケタル者其ノ處分ニ不服アルトキハ府縣知事ニ訴願シ其

ノ裁決ニ不服アルトキハ内務大臣ニ訴願スルコトヲ得

第百二十七條　市稅ノ賦課ニ關シ必要アル場合ニ於テハ當該吏員ハ日出ヨリ日沒迄ノ間營業者ニ關シテハ仍其ノ營業時間内家宅若ハ營業所ニ臨檢シ又ハ帳簿物件ノ檢査ヲ爲スコトヲ得

2 前項ノ場合ニ於テハ當該吏員ハ其ノ身分ヲ證明スヘキ證票ヲ携帶スヘシ

第百二十八條　市長ハ納稅者中特別ノ事情アル者ニ對シ納稅延期ヲ許スコトヲ得其ノ年度ヲ越ユル場合ハ市參事會ノ議決ヲ經ヘシ

2 市ハ特別ノ事情アル者ニ限リ市稅ヲ減免スルコトヲ得

第百二十九條 使用料手數料及特別稅ニ關スル事項ニ付テハ市條例ヲ以テ之ヲ規定スヘシ

2 詐僞其ノ他ノ不正ノ行爲ニ依リ使用料ノ徵收ヲ免レ又ハ市稅ヲ逋脫シタル者ニ付テハ市條例ヲ以テ其ノ徵收ヲ免レ又ハ逋脫シタル金額ノ三倍ニ相當スル金額（其ノ金額五圓未滿ナルトキハ五圓）以下ノ過料ヲ科スル規定ヲ設クルコトヲ得

3 前項ニ定ムルモノヲ除クノ外使用料、手數料及市稅ノ賦課徵收ニ關シテハ市條例ヲ以テ五圓以下ノ過料ヲ科スル規定ヲ設クルコトヲ得財產又ハ營造物ノ使用ニ關シ亦同シ

4 **過料ノ處分ヲ受ケタル者其ノ處分ニ不服アルトキハ府縣參事會ニ訴願シ其ノ裁決ニ不服アルトキハ行政**

第百二十九條 使用料手數料及特別稅ニ關スル事項ニ付テハ市條例ヲ以テ之ヲ規定スヘシ其ノ條例中ニハ五圓以下ノ過料ヲ科スル規定ヲ設クルコトヲ得

2 財產又ハ營造物ノ使用ニ關シテハ市條例ヲ以テ五圓以下ノ過料ヲ科スル規定ヲ設クルコトヲ得

裁判所ニ出訴スルコトヲ得

5 前項ノ裁決ニ付テハ府縣知事又ハ市長ヨリモ訴訟ヲ提起スルコトヲ得

第百三十條 市税ノ賦課ヲ受ケタル者其ノ賦課ニ付違法又ハ錯誤アリト認ムルトキハ徴税令書ノ交付ヲ受ケタル日ヨリ三月以内ニ市長ニ異議ノ申立ヲ爲スコトヲ得

2 財産又ハ營造物ヲ使用スル權利ニ關シ異議アル者ハ之ヲ市長ニ申立ツルコトヲ得

3 前二項ノ異議ノ申立アリタルトキハ市長ハ七日以内ニ之ヲ市參事會ノ決定ニ付スヘシ決定ヲ受ケタル者其ノ決定ニ不服アルトキハ府縣參事會ニ訴願シ其ノ裁決又ハ第五項ノ裁決ニ不服アルトキハ行政裁判所

---

3 前二項ノ異議ハ之ヲ市參事會ノ決定ニ付スヘシ決定ヲ受ケタル者其ノ決定ニ不服アルトキハ府縣參事會ニ訴願シ其ノ裁決又ハ第五項ノ裁決ニ不服アルトキハ行政裁判所ニ出訴スルコトヲ得

ニ出訴スルコトヲ得

4 第一項及前項ノ規定ハ使用料手數料及加入金ノ徵收竝夫役現品ノ賦課ニ關シ之ヲ準用ス

5 前二項ノ規定ニ依ル決定及裁決ニ付テハ市長ヨリモ訴願又ハ訴訟ヲ提起スルコトヲ得

6 前三項ノ規定ニ依ル裁決ニ付テハ府縣知事ヨリモ訴訟ヲ提起スルコトヲ得

第百三十一條 市稅、使用料、手數料、加入金、過料、過怠金其ノ他ノ市ノ收入ヲ定期內ニ納メサル者アルトキハ市長ハ期限ヲ指定シテ之ヲ督促スヘシ

2 夫役現品ノ賦課ヲ受ケタル者定期內ニ其ノ履行ヲ爲サス又ハ夫役現品ニ代フル金錢ヲ納メサルトキハ市長ハ期限ヲ指定シテ之ヲ督促スヘシ急迫ノ場合ニ賦

課シタル夫役ニ付テハ更ニ之ヲ金額ニ算出シ期限ヲ指定シテ其ノ納付ヲ命スヘシ

3 前二項ノ場合ニ於テハ市條例ノ定ムル所ニ依リ手數料ヲ徵收スルコトヲ得

4 滯納者第一項又ハ第二項ノ督促又ハ命令ヲ受ケ其ノ指定ノ期限內ニ之ヲ完納セサルトキハ國稅滯納處分ノ例ニ依リ之ヲ處分スヘシ

5 第一項乃至第三項ノ徵收金ハ府縣ノ徵收金ニ次テ先取特權ヲ有シ其ノ追徵還付及時效ニ付テハ國稅ノ例ニ依ル

6 前三項ノ處分ニ不服アル者ハ府縣參事會ニ訴願シ其ノ裁決ニ不服アルトキハ行政裁判所ニ出訴スルコトヲ得

---

6 前三項ノ處分ヲ受ケタル者其ノ處分ニ不服アルトキハ府縣參事會ニ訴願シ其ノ裁決ニ不服アルトキハ行政裁判所ニ出訴スルコトヲ得

7 前項ノ裁決ニ付テハ府縣知事又ハ市長ヨリモ訴訟ヲ提起スルコトヲ得

8 第四項ノ處分中差押物件ノ公賣ハ處分ノ確定ニ至ル迄執行ヲ停止ス

第百三十二條 市ハ其ノ負債ヲ償還スル爲、市ノ永久ノ利益ト爲ルヘキ支出ヲ爲ス爲又ハ天災事變等ノ爲必要アル場合ニ限リ市債ヲ起スコトヲ得

2 市債ヲ起スニ付市會ノ議決ヲ經ルトキハ併セテ起債ノ方法、利息ノ定率及償還ノ方法ニ付議決ヲ經ヘシ

3 市長ハ豫算內ノ支出ヲ爲ス爲市參事會ノ議決ヲ經テ一時ノ借入金ヲ爲スコトヲ得

4 前項ノ借入金ハ其ノ會計年度內ノ收入ヲ以テ償還スヘシ

第二款　歳入出豫算及決算

第百三十三條　市長ハ毎會計年度歳入出豫算ヲ調製シ遲クトモ年度開始ノ一月前ニ市會ノ議決ヲ經ヘシ

2 市ノ會計年度ハ政府ノ會計年度ニ依ル

3 豫算ヲ市會ニ提出スルトキハ市長ハ併セテ事務報告書及財産表ヲ提出スヘシ

第百三十四條　市長ハ市會ノ議決ヲ經テ既定豫算ノ追加又ハ更正ヲ爲スコトヲ得

第百三十五條　市費ヲ以テ支辨スル事件ニシテ數年ヲ期シテ其ノ費用ヲ支出スヘキモノハ市會ノ議決ヲ經テ其ノ年期間各年度ノ支出額ヲ定メ繼續費ト爲スコトヲ得

第百三十六條　市ハ豫算外ノ支出又ハ豫算超過ノ支出

ニ充ツル爲豫備費ヲ設クヘシ
2 特別會計ニハ豫備費ヲ設ケサルコトヲ得
3 豫備費ハ市會ノ否決シタル費途ニ充ツルコトヲ得ス
第百三十七條　豫算ハ議決ヲ經タル後直ニ之ヲ府縣知事ニ報告シ且其ノ要領ヲ告示スヘシ
第百三十八條　市ハ特別會計ヲ設クルコトヲ得
第百三十九條　市會ニ於テ豫算ヲ議決シタルトキハ市長ヨリ其ノ謄本ヲ收入役ニ交付スヘシ
2 收入役ハ市長又ハ監督官廳ノ命令アルニ非サレハ支拂ヲ爲スコトヲ得ス命令ヲ受クルモ支出ノ豫算ナク且豫備費支出、費目流用其ノ他財務ニ關スル規定ニ依リ支出ヲ爲スコトヲ得サルトキ亦同シ
第百四十條　市ノ支拂金ニ關スル時效ニ付テハ政府ノ

支拂金ノ例ニ依ル

第百四十一條　市ノ出納ハ毎月例日ヲ定メテ之ヲ檢査シ且毎會計年度少クトモ二回臨時檢査ヲ爲スヘシ

2 檢査ハ市長之ヲ爲シ臨時檢査ニハ名譽職參事會員ニ於テ互選シタル參事會員二人以上ノ立會ヲ要ス

第百四十二條　市ノ出納ハ翌年度五月三十一日ヲ以テ閉鎖ス

2 決算ハ出納閉鎖後一月以内ニ證書類ヲ併セテ收入役ヨリ之ヲ市長ニ提出スヘシ市長ハ之ヲ審査シ意見ヲ付シテ次ノ通常豫算ヲ議スル會議迄ニ之ヲ市會ノ認定ニ付スヘシ

3 決算ハ其ノ認定ニ關スル市會ノ議決ト共ニ之ヲ府縣知事ニ報告シ且其ノ要領ヲ告示スヘシ

第百四十二條　市ノ出納ハ翌年度六月三十日ヲ以テ閉鎖ス

4 決算ヲ市參事會ノ會議ニ付スル場合ニ於テハ市長市參與及助役ハ其ノ議決ニ加ハルコトヲ得ス

第百四十三條　豫算調製ノ式、費目流用其ノ他財務ニ關シ必要ナル規定ハ内務大臣之ヲ定ム

第七章　市ノ一部ノ事務

第百四十四條　市ノ一部ニシテ財産ヲ有シ又ハ營造物ヲ設ケタルモノアルトキハ其ノ財產又ハ營造物ノ管理及處分ニ付テハ本法中市ノ財產又ハ營造物ニ關スル規定ニ依ル但シ法律勅令中別段ノ規定アル場合ハ此ノ限ニ在ラス

2 前項ノ財產又ハ營造物ニ關シ特ニ要スル費用ハ其ノ財產又ハ營造物ノ屬スル市ノ一部ノ負擔トス

3 前二項ノ場合ニ於テハ市ノ一部ハ其ノ會計ヲ分別スヘシ

第百四十五條　前條ノ財產又ハ營造物ニ關シ必要アリ

ト認ムルトキハ府縣知事ハ市會ノ意見ヲ徴シ府縣參事會ノ議決ヲ經テ市條例ヲ設定シ區會ヲ設ケテ市會ノ議決スヘキ事項ヲ議決セシムルコトヲ得

第百四十六條 區會議員ハ市ノ名譽職トス其ノ定數、任期、選擧權及被選擧權ニ關スル事項ハ前條ノ市條例中ニ之ヲ規定スヘシ

2 區會議員ノ選擧ニ付テハ市會議員ニ關スル規定ヲ準用ス但シ選擧人名簿又ハ選擧若ハ當選ノ效力ニ關スル異議ノ決定及被選擧權ノ有無ノ決定ハ市會ニ於テ之ヲ爲スヘシ

3 區會ニ關シテハ市會ニ關スル規定ヲ準用ス

第百四十七條 第百四十四條ノ場合ニ於テ市ノ一部府縣知事ノ處分ニ不服アルトキハ内務大臣ニ訴願スル

---

3 區會議員ノ選擧ニ付テハ前條ノ市條例ヲ以テ選擧人ノ等級ヲ設ケサルコトヲ得

コトヲ得

第百四十八條　第百四十四條ノ市ノ一部ノ事務ニ關シテハ本法ニ規定スルモノノ外勅令ヲ以テ之ヲ定ム

第八章　市町村組合

第百四十九條　市町村ハ其ノ事務ノ一部ヲ共同處理スル爲其ノ協議ニ依リ府縣知事ノ許可ヲ得テ市町村組合ヲ設クルコトヲ得

2 公益上必要アル場合ニ於テハ府縣知事ハ關係アル市町村會ノ意見ヲ徵シ府縣參事會ノ議決ヲ經テ前項ノ市町村組合ヲ設クルコトヲ得

3 市町村組合ハ法人トス

第百五十條　市町村組合ニシテ其ノ組合市町村ノ數ヲ增減シ又ハ共同事務ノ變更ヲ爲サムトスルトキハ關

---

2 公益上必要アル場合ニ於テハ府縣知事ハ關係アル市町村會ノ意見ヲ徵シ府縣參事會ノ議決ヲ經內務大臣ノ許可ヲ得テ前項ノ市町村組合ヲ設クルコトヲ得

係市町村ノ協議ニ依リ府縣知事ノ許可ヲ受クヘシ

2 公益上必要アル場合ニ於テハ府縣知事ハ關係アル市町村會ノ意見ヲ徵シ府縣參事會ノ議決ヲ經テ組合市町村ノ數ヲ增減シ又ハ共同事務ノ變更ヲ爲スコトヲ得

第百五十一條 市町村組合ヲ設クルトキハ關係市町村ノ協議ニ依リ組合規約ヲ定メ府縣知事ノ許可ヲ受クヘシ組合規約ヲ變更セムトスルトキ亦同シ

2 公益上必要アル場合ニ於テハ府縣知事ハ關係アル市町村會ノ意見ヲ徵シ府縣參事會ノ議決ヲ經テ組合規約ヲ定メ又ハ變更スルコトヲ得

第百五十二條 組合規約ニハ組合ノ名稱、組合ヲ組織スル市町村、組合ノ共同事務、組合役場ノ位置、組

---

2 公益上必要アル場合ニ於テハ府縣知事ハ關係アル市町村會ノ意見ヲ徵シ府縣參事會ノ議決ヲ經内務大臣ノ許可ヲ得テ組合市町村ノ數ヲ增減シ又ハ共同事務ノ變更ヲ爲スコトヲ得

2 公益上必要アル場合ニ於テハ府縣知事ハ關係アル市町村會ノ意見ヲ徵シ府縣參事會ノ議決ヲ經内務大臣ノ許可ヲ得テ組合規約ヲ定メ又ハ變更スルコトヲ得

合會ノ組織及組合會議員ノ選擧、組合吏員ノ組織及選任並組合費用ノ支辨方法ニ付規定ヲ設クヘシ

第百五十三條　市町村組合ヲ解カムトスルトキハ關係市町村ノ協議ニ依リ府縣知事ノ許可ヲ受クヘシ

2 公益上必要アル場合ニ於テハ府縣知事ハ關係アル市町村會ノ意見ヲ徴シ府縣參事會ノ議決ヲ經テ市町村組合ヲ解クコトヲ得

第百五十四條　第百五十條第一項及前條第一項ノ場合ニ於テ財産ノ處分ニ關スル事項ハ關係市町村ノ協議ニ依リ之ヲ定ム

2 第百五十條第二項及前條第二項ノ場合ニ於テ財産ノ處分ニ關スル事項ハ關係アル市町村會ノ意見ヲ徴シ府縣參事會ノ議決ヲ經テ府縣知事之ヲ定ム

---

2 公益上必要アル場合ニ於テハ府縣知事ハ關係アル市町村會ノ意見ヲ徴シ府縣參事會ノ議決ヲ經内務大臣ノ許可ヲ得テ市町村組合ヲ解クコトヲ得

第百五十四條　第百五十條第一項及前條第一項ノ場合ニ於テ財産ノ處分ニ關スル事項ハ關係市町村ノ協議ニ依リ府縣知事ノ許可ヲ受クヘシ

2 第百五十條第二項及前條第二項ノ場合ニ於テ財産ノ處分ニ關スル事項ハ關係アル市町村會ノ意見ヲ徴シ府縣參事會ノ議決ヲ經内務大臣ノ許可ヲ得テ府縣知事之ヲ定ム

第百五十五條　第百四十九條第一項第百五十條第一項第百五十一條第一項第百五十三條第一項及前條第二項ノ規定ニ依ル府縣知事ノ處分ニ不服アル市町村又ハ市町村組合ハ内務大臣ニ訴願スルコトヲ得

2 組合費ノ分賦ニ關シ違法又ハ錯誤アリト認ムル市町村ハ其ノ告知アリタル日ヨリ三月以内ニ組合ノ管理者ニ異議ノ申立ヲ爲スコトヲ得

3 前項ノ異議ノ申立アリタルトキハ組合ノ管理者ハ七日以内ニ之ヲ組合會ノ決定ニ付スヘシ其ノ決定ニ不服アル市町村ハ府縣參事會ニ訴願シ其ノ裁決又ハ第四項ノ裁決ニ不服アルトキハ行政裁判所ニ出訴スルコトヲ得

4 前項ノ決定及裁決ニ付テハ組合ノ管理者ヨリモ訴願

第百五十五條　第百四十九條第一項第百五十條第一項第百五十一條第一項第百五十三條第一項及前條第一項ノ規定ニ依ル府縣知事ノ處分ニ不服アル市町村又ハ市町村組合ハ内務大臣ニ訴願スルコトヲ得

3 前項ノ異議ハ之ヲ組合會ノ決定ニ付スヘシ其ノ決定ニ不服アル市町村ハ府縣參事會ニ訴願シ其ノ裁決又ハ第四項ノ裁決ニ不服アルトキハ行政裁判所ニ出訴スルコトヲ得

又ハ訴訟ヲ提起スルコトヲ得

5 前二項ノ裁決ニ付テハ府縣知事ヨリモ訴訟ヲ提起スルコトヲ得

第百五十六條 市町村組合ニ關シテハ法律勅令中別段ノ規定アル場合ヲ除クノ外市ニ關スル規定ヲ準用ス

第九章 市ノ監督

第百五十七條 市ハ第一次ニ於テ府縣知事之ヲ監督シ第二次ニ於テ内務大臣之ヲ監督ス

第百五十八條 本法中別段ノ規定アル場合ヲ除クノ外市ノ監督ニ關スル府縣知事ノ處分ニ不服アル市ハ内務大臣ニ訴願スルコトヲ得

第百五十九條 本法中行政裁判所ニ出訴スルコトヲ得ヘキ場合ニ於テハ内務大臣ニ訴願スルコトヲ得ス

第百六十條　異議ノ申立又ハ訴願ノ提起ハ處分決定又ハ裁決アリタル日ヨリ二十一日以内ニ之ヲ爲スヘシ但シ本法中別ニ期間ヲ定メタルモノハ此ノ限ニ在ラス

2 行政訴訟ノ提起ハ處分決定裁定又ハ裁決アリタル日ヨリ三十日以内ニ之ヲ爲スヘシ

3 決定書又ハ裁決書ノ交付ヲ受ケサル者ニ關シテハ前二項ノ期間ハ告示ノ日ヨリ之ヲ起算ス

4 異議ノ申立ニ關スル期間ノ計算ニ付テハ訴願法ノ規定ニ依ル

5 異議ノ申立ハ期限經過後ニ於テモ宥恕スヘキ事由アリト認ムルトキハ仍之ヲ受理スルコトヲ得

6 異議ノ決定ハ文書ヲ以テ之ヲ爲シ其ノ理由ヲ附シ之

ヲ申立人ニ交付スヘシ

7 異議ノ申立アルモ處分ノ執行ハ之ヲ停止セス但シ行政廳ハ其ノ職權ニ依リ又ハ關係者ノ請求ニ依リ必要ト認ムルトキハ之ヲ停止スルコトヲ得

第百六十條ノ二　異議ノ決定ハ本法中別ニ期間ヲ定メタルモノヲ除クノ外其ノ決定ニ付セラレタル日ヨリ三月以内ニ之ヲ爲スヘシ

2 府縣參事會訴願ヲ受理シタルトキハ其ノ日ヨリ三月以内ニ之ヲ裁決スヘシ

第百六十一條　監督官廳ハ市ノ監督上必要アル場合ニ於テハ事務ノ報告ヲ爲サシメ、書類帳簿ヲ徴シ及實地ニ就キ事務ヲ視察シ又ハ出納ヲ檢閲スルコトヲ得

2 監督官廳ハ市ノ監督上必要ナル命令ヲ發シ又ハ處分

ヲ爲スコトヲ得

3 上級監督官廳ハ下級監督官廳ノ市ノ監督ニ關シテ爲シタル命令又ハ處分ヲ停止シ又ハ取消スコトヲ得

第百六十二條　內務大臣ハ市會ノ解散ヲ命スルコトヲ得

2 市會解散ノ場合ニ於テハ三月以內ニ議員ヲ選擧スヘシ

第百六十三條　市ニ於テ法令ニ依リ負擔シ又ハ當該官廳ノ職權ニ依リ命スル費用ヲ豫算ニ載セサルトキハ府縣知事ハ理由ヲ示シテ其ノ費用ヲ豫算ニ加フルコトヲ得

2 市長其ノ他ノ吏員其ノ執行スヘキ事件ヲ執行セサルトキハ府縣知事又ハ其ノ委任ヲ受ケタル官吏吏員之

ヲ執行スルコトヲ得但シ其ノ費用ハ市ノ負擔トス

3 前二項ノ處分ニ不服アル市又ハ市長其ノ他ノ吏員ハ行政裁判所ニ出訴スルコトヲ得

第百六十四條 市長、助役、收入役又ハ副收入役ニ故障アルトキハ監督官廳ハ臨時代理者ヲ選任シ又ハ官吏ヲ派遣シ其ノ職務ヲ管掌セシムルコトヲ得但シ官吏ヲ派遣シタル場合ニ於テハ其ノ旅費ハ市費ヲ以テ辨償セシムヘシ

2 臨時代理者ハ有給ノ市吏員トシ其ノ給料額旅費額等ハ監督官廳之ヲ定ム

第百六十五條 市條例ヲ設ケ又ハ改正セムトスルトキハ内務大臣ノ許可ヲ受クヘシ

第百六十六條 左ニ掲クル事件ハ内務大臣及大藏大臣

第百六十五條 左ニ掲クル事件ハ内務大臣ノ許可ヲ受クヘシ

一 市條例ヲ設ケ又ハ改廢スル事

二 學藝美術又ハ歴史上貴重ナル物件ヲ處分シ又ハ

ノ許可ヲ受クヘシ

一　市債ヲ起シ竝起債ノ方法、利息ノ定率及償還ノ方法ヲ定メ又ハ之ヲ變更スル事但シ第百三十二條第三項ノ借入金ハ此ノ限ニ在ラス

二　特別税ヲ新設シ増額シ又ハ變更スル事

三　間接國税ノ附加税ヲ賦課スル事

四　使用料ヲ新設シ増額シ又ハ變更スル事

第百六十七條　左ニ掲クル事件ハ府縣知事ノ許可ヲ受クヘシ

一　市條例ヲ廢止スルコト

二　基本財産及特別基本財産ノ處分ニ關スル事

三　第百十條ノ規定ニ依リ舊慣ヲ變更又ハ廢止スル事

之ニ大ナル變更ヲ加フル事

四　使用料手數料及加入金ヲ新設シ增額シ又ハ變更スル事

一　基本財産ノ管理及處分ニ關スル事

二　特別基本財産及積立金穀等ノ管理及處分ニ關スル事

四　寄附又ハ補助ヲ爲ス事
五　手數料及加入金ヲ新設シ增額シ又ハ變更スル事
六　均一ノ稅率ニ依ラスシテ國稅又ハ府縣稅ノ附加稅ヲ賦課スル事
七　第百二十二條第一項第二項及第四項ノ規定ニ依リ數人又ハ市ノ一部ニ費用ヲ負擔セシムル事
八　第百二十四條ノ規定ニ依リ不均一ノ賦課ヲ爲シ又ハ數人若ハ市ノ一部ニ對シ賦課ヲ爲ス事
九　第百二十五條ノ準率ニ依ラスシテ夫役現品ヲ賦課スル事但シ急迫ノ場合ニ賦課スル夫役ニ付テハ此ノ限ニ在ラス
十　繼續費ヲ定メ又ハ變更スル事

第百六十八條　監督官廳ノ許可ヲ要スル事件ニ付テハ

五　不動產ノ管理及處分ニ關スル事

監督官廳ハ許可申請ノ趣旨ニ反セスト認ムル範圍內ニ於テ更正シテ許可ヲ與フルコトヲ得

第百六十九條 監督官廳ノ許可ヲ要スル事件ニ付テハ勅令ノ定ムル所ニ依リ其ノ許可ノ職權ヲ下級監督官廳ニ委任シ又ハ輕易ナル事件ニ限リ許可ヲ受ケシメサルコトヲ得

第百七十條 府縣知事ハ市長、市參與、助役、收入役、副收入役、區長、區長代理者、委員其ノ他ノ市吏員ニ對シ懲戒ヲ行フコトヲ得其ノ懲戒處分ハ譴責、二十五圓以下ノ過怠金及解職トス但シ市長、市參與、助役、收入役、副收入役及第六條又ハ第八十二條第三項ノ市ノ區長ニ對スル解職ハ懲戒審査會ノ議決ヲ經市長ニ付テハ勅裁ヲ經ルコトヲ要ス

2 懲戒審査會ハ内務大臣ノ命シタル府縣高等官三人及府縣名譽職參事會員ニ於テ互選シタル者三人ヲ以テ其ノ會員トシ府縣知事ヲ以テ會長トス知事故障アルトキハ其ノ代理者會長ノ職務ヲ行フ

3 府縣名譽職參事會員ノ互選スヘキ會員ノ選擧補闕及任期竝懲戒審査會ノ招集及會議ニ付テハ府縣制中名譽職參事會員及府縣參事會ニ關スル規定ヲ準用ス但シ補充員ハ之ヲ設クルノ限ニ在ラス

4 解職ノ處分ヲ受ケタル者其ノ處分ニ不服アルトキハ内務大臣ニ訴願スルコトヲ得但シ市長ニ付テハ此ノ限ニ在ラス

5 府縣知事ハ市長、市參與、助役、收入役、副收入役及第六條又ハ第八十二條第三項ノ市ノ區長ノ解職ヲ

行ハムトスル前其ノ停職ヲ命スルコトヲ得此ノ場合ニ於テハ其ノ停職期間報酬又ハ給料ヲ支給スルコトヲ得ス

6 懲戒ニ依リ解職セラレタル者ハ二年間市町村ノ公職ニ選擧セラレ又ハ任命セラルルコトヲ得ス

第百七十一條 市吏員ノ服務紀律、賠償責任、身元保證及事務引繼ニ關スル規定ハ命令ヲ以テ之ヲ定ム

2 前項ノ命令ニハ事務引繼ヲ拒ミタル者ニ對シ二十五圓以下ノ過料ヲ科スル規定ヲ設クルコトヲ得

第十章　雜　則

第百七十二條 府縣知事又ハ府縣參事會ノ職權ニ屬スル事件ニシテ數府縣ニ渉ルモノアルトキハ內務大臣ハ關係府縣知事ノ具狀ニ依リ其ノ事件ヲ管理スヘキ

府縣知事又ハ府縣參事會ヲ指定スヘシ

第百七十三條　本法ニ規定スルモノノ外第六條ノ市ノ有給吏員ノ組織任用分限及其ノ區ニ關シ必要ナル事項ハ勅令ヲ以テ之ヲ定ム

第百七十四條　第十三條ノ人口ハ内務大臣ノ定ムル所ニ依ル

第百七十五條　本法ニ於ケル直接税及間接税ノ種類ハ内務大臣及大藏大臣之ヲ定ム

第百七十六條　市又ハ市町村組合ノ廢置分合又ハ境界變更アリタル場合ニ於テ市ノ事務ニ付必要ナル事項ハ本法ニ規定スルモノノ外勅令ヲ以テ之ヲ定ム

第百七十七條　本法中府縣、府縣制、府縣知事、府縣參事會、府縣名譽職參事會員、府縣高等官、所屬府

縣ノ官吏若ハ有給吏員、府縣稅又ハ直接府縣稅ニ關スル規定ハ北海道ニ付テハ各地方費、道會法、道廳長官、道參事會、道名譽職參事會員、道廳高等官、道廳ノ官吏若ハ地方費ノ有給吏員、北海道地方稅又ハ直接北海道地方稅ニ、町村又ハ町村會ニ關スル規定ハ北海道ニ付テハ各町村又ハ町村會ニ該當スルモノニ關シ之ヲ適用ス

第百七十七條ノ二 本法中官吏ニ關スル規定ハ待遇官吏ニ之ヲ適用ス

附　則

第百七十八條 本法施行ノ期日ハ勅令ヲ以テ之ヲ定ム

第百七十九條 本法施行ノ際現ニ市會議員又ハ區會議員ノ職ニ在ル者ハ從前ノ規定ニ依ル最近ノ定期改選

期ニ於テ總テ其ノ職ヲ失フ

2 本法施行ノ際現ニ市長助役又ハ收入役ノ職ニ在ル者ハ從前ノ規定ニ依ル任期滿了ノ日ニ於テ其ノ職ヲ失フ

第百八十條 舊刑法ノ重罪ノ刑ニ處セラレタル者ハ本法ノ適用ニ付テハ六年ノ懲役又ハ禁錮以上ノ刑ニ處セラレタル者ト看做ス但シ復權ヲ得タル者ハ此ノ限ニ在ラス

2 舊刑法ノ禁錮以上ノ刑ハ本法ノ適用ニ付テハ禁錮以上ノ刑ト看做ス

第百八十一條 本法施行ノ際必要ナル規定ハ命令ヲ以テ之ヲ定ム

○大正十年法律第五十八號附則

1 本法中公民權及選擧ニ關スル規定ハ次ノ總選擧ヨリ之ヲ施行シ其ノ他ノ規定ノ施行ノ期日ハ勅令ヲ以テ之ヲ定ム（大正十年五月勅令第一八九號公民權及選擧ニ關スル規定ノ外四月二十日ヨリ施行）

2 沖繩縣ノ區ヲ廢シテ市ヲ置カムトスルトキハ第三條ノ例ニ依ル

○大正十一年法律第五十六號附則

1 本法施行ノ期日ハ勅令ヲ以テ之ヲ定ム（大正十一年五月勅令第二五五號同月十五日ヨリ施行）

2 北海道ノ區ヲ廢シテ市ヲ置カムトスルトキハ第三條ノ例ニ依ル

○大正十五年法律第七十四號附則

1 本法中公民權及議員選擧ニ關スル規定ハ次ノ總選擧ヨリ之ヲ施行シ其ノ他ノ規定ノ施行ノ期日ハ勅令ヲ以テ之ヲ定ム（大正十五年六月勅令第二〇七號公民權及議員選擧ニ關スル規定ノ外七月一日ヨリ施行）

2 本法ニ依リ初テ議員ヲ選擧スル場合ニ於テ必要ナル

選擧人名簿ニ關シ第二十一條乃至第二十一條ノ五ニ規定スル期日又ハ期間ニ依リ難キトキハ命令ヲ以テ別ニ其ノ期日又ハ期間ヲ定ム但シ其ノ選擧人名簿ハ次ノ選擧人名簿確定迄其ノ效力ヲ有ス

3 本法施行ノ際大正十四年法律第四十七號衆議院議員選擧法又ハ大正十五年府縣制中改正法律未タ施行セラレサル場合ニ於テハ本法ノ適用ニ付テハ同法ハ既ニ施行セラレタルモノト看做ス

4 本法施行ノ際必要ナル規定ハ命令ヲ以テ之ヲ定ム

市制町村制施行令

第一款　組織選擧及任免……（六〇）
第二款　職務權限……（六七）
第五章　給料及給與……（七八）
第六章　市ノ財務……（八〇）
第一款　財產營造物及市稅……（八〇）
第二款　歲入出豫算及決算……（九六）
第七章　市ノ一部ノ事務……（九九）
第八章　市町村組合……（一〇一）
第九章　市ノ監督……（一〇五）
第十章　雜則……（一一四）
附則……
大正十年法律第五十八號附則……（一一七）
大正十一年法律第五十六號附則……（一一八）
大正十五年法律第七十四號附則……（一一八）

市制町村制施行令

大正十五年六月二十四日
勅令第二〇一號

第一章　總則

第一條　市町村ノ設置アリタル場合ニ於テハ市町村長ノ臨時代理者又ハ職務管掌ノ官吏ハ歳入歳出豫算ガ市町村會ノ議決ヲ經テ成立スルニ至ル迄ノ間必要ナル收支ニ付豫算ヲ設ケ府縣知事ノ許可ヲ受クベシ

第二條　市町村ノ設置アリタル場合ニ於テハ府縣知事ハ必要ナル事項ニ付市町村條例ノ設定施行セラルルニ至ル迄ノ間從來其ノ地域ニ施行セラレタル市町村條例ヲ市町村ノ條例トシテ當該地域ニ引續キ施行スルコトヲ得

第三條　市町村ノ廢置分合アリタル場合ニ於テハ其ノ地域ノ新ニ屬シタル市町村其ノ事務ヲ承繼ス、其ノ地域ニ依リ難キトキハ府縣知事ハ事務ノ分界ヲ定メ又ハ承繼スベキ市町村ヲ指定ス

2　前項ノ場合ニ於テ消滅シタル市町村ノ收支ハ消滅ノ日ヲ以テ打切リ其ノ市町村長（又ハ市町村長ノ職務ヲ行フ者）タリシ者之ヲ決算ス

3　前項ノ決算ハ事務ヲ承繼シタル各市町村ノ市町村長之ヲ市町村會ノ認定ニ付スベシ

4　市制第百四十二條第三項又ハ町村制第百二十

二條第四項ノ規定ハ前項ノ場合ニ之ヲ準用ス

第四條　市町村ノ境界變更アリタル爲事務ノ分割ヲ要スルトキハ其ノ事務ノ承繼ニ付テハ府縣知事之ヲ定ム

第五條　市制第八十二條第三項ノ市ニ於テ新ニ區ヲ劃シ又ハ其ノ區域ヲ變更セントスルトキハ市ハ內務大臣ノ許可ヲ受クベシ

第六條　市制第十一條及町村制第九條ノ規定ニ依リ除外スベキ學生生徒左ノ如シ

一　陸軍各部依託學生生徒

二　海軍軍醫學生藥劑學生主計學生造船學生造機學生造兵學生竝ニ海軍豫備生徒及海軍豫備練習生

第二章　市町村會議員ノ選擧

第七條　市制第二十一條ノ五第三項又ハ町村制第十八條ノ五第三項ノ規定ニ依リ選擧人名簿ノ調製、縱覽、確定及異議申立ニ對スル市町村會ノ決定ニ關スル期日及期間ヲ定メタルトキハ府縣知事ハ直ニ之ヲ告示スベシ

第八條　市町村ノ境界變更アリタル場合ニ於テハ市町村長ハ選擧人名簿ヲ分割シ其ノ部分ヲ其ノ地域ノ新ニ屬シタル市町村ノ市町村長ニ送付スベシ

2　市町村ノ廢置分合アリタル場合ニ於テ名簿ノ分割ヲ以テ足ルトキハ前項ノ例ニ依リ、其ノ他ノ場合ニ於テハ從前ノ市町村ノ市町村長

(又ハ市町村長ノ職務ヲ行フ者)タリシ者ハ直ニ其ノ地域ノ新ニ屬シタル市町村ノ市町村長ニ選擧人名簿ヲ送付スベシ

3 市町村長選擧人名簿ノ送付ヲ受ケタルトキハ直ニ其ノ旨ヲ告示シ併セテ之ヲ府縣知事ニ報告スベシ

第九條 前條ノ規定ニ依リ送付ヲ受ケタル選擧人名簿ハ市町村ノ廢置分合又ハ境界變更ニ係ル地域ノ新ニ屬シタル市町村ノ選擧人名簿ト看做ス

第十條 第八條ノ規定ニ依リ送付ヲ受ケタル選擧人名簿確定前ナルトキハ名簿ノ縱覽、確定及異議申立ニ對スル市町村會ノ決定ニ關スル期日及期間ハ府縣知事ノ定ル所ニ依ル

2 前項ノ規定ニ依リ期日及期間ヲ定メタルトキハ府縣知事ハ直ニ之ヲ告示スベシ

第十一條 市制第二十五條第六項又ハ町村制第二十二條第六項ノ規定ニ依リ盲人ガ投票ニ關スル記載ニ使用スルコトヲ得ル點字ハ別表ヲ以テ之ヲ定ム

2 點字ニ依リ投票ヲ爲サントスル選擧人ハ選擧長又ハ投票分會長ニ對シ其旨ヲ申立ツベシ、此ノ場合ニ於テハ選擧長又ハ投票分會長ハ投票用紙ニ點字投票ナル旨ノ印ヲ押捺シテ交付スベシ

3 點字ニ依ル投票ノ拒否ニ付テハ市制第二十五

條ノ三又ハ町村制第二十二條ノ三ノ例ニ依ル、此ノ場合ニ於テハ封筒ニ點字投票ナル旨ノ印ヲ押捺シテ交付スベシ

4 前項ノ規定ニ依リ假ニ爲サシメタル投票ハ市制第二十七條ノ二第二項及第三項又ハ町村制第二十四條ノ二第二項及第三項ノ規定ノ適用ニ付テハ市制第二十五條ノ三第二項及第四項又ハ町村制第二十二條ノ三第二項及第四項ノ投票ト看做ス

第十二條　市制第二十七條ノ四又ハ町村制第二十四條ノ四ノ規定ニ依リ開票分會ヲ設ケタルトキハ市町村長ハ直ニ其ノ區劃及開票分會場ヲ告示スベシ

第十三條　開票分會ハ市町村長ノ指名シタル吏員開票分會長ト爲リ之ヲ開閉シ其ノ取締ニ任ズ

第十四條　開票分會ノ區劃內ノ投票分會ニ於テ爲シタル投票ハ投票分會長少クトモ一人ノ投票立會人ト共ニ投票函ノ儘投票錄及選擧人名簿ノ抄本ト併セテ之ヲ開票分會長ニ送致スベシ

第十五條　投票ノ點檢終リタルトキハ開票分會長ハ直ニ其ノ結果ヲ選擧長ニ報告スベシ

第十六條　開票分會長ハ開票錄ヲ作リ開票ニ關スル顚末ヲ記載シ之ヲ朗讀シ二人以上ノ開票立會人ト共ニ之ニ署名シ直ニ投票錄及投票ト

併セテ之ヲ選擧長ニ送致スベシ

第十七條　選擧長ハ總テノ開票分會長ヨリ第十五條ノ報告ヲ受ケタル日若ハ其ノ翌日（又ハ總テノ投票函ノ送致ヲ受ケタル日若ハ其ノ翌日）選擧會ニ於テ選擧立會人立會ノ上其ノ報告ヲ調査シ市制第二十七條ノ二第三項又ハ町村制第二十四條ノ二第三項ノ規定ニ依リ爲シタル點檢ノ結果ト併セテ各被選擧人（市制第三十九條ノ二ノ市ニ於テハ各議員候補者）ノ得票總數ヲ計算スベシ

第十八條　選擧ノ一部無效トナリ更ニ選擧ヲ行ヒタル場合ニ於テハ選擧長ハ前條ノ規定ニ準ジ其ノ部分ニ付前條ノ手續ヲ爲シ他ノ部分ニ於ケル各被選擧人（市制第三十九條ノ二ノ市ニ於テハ各議員候補者）ノ得票數ト併セテ其ノ得票總數ヲ計算スベシ

第十九條　開票分會ヲ設ケタル場合ニ於テハ市町村長ハ市制第三十二條第一項又ハ町村制第二十九條第一項ノ報告ニ開票錄ノ寫ヲ添付スベシ

第二十條　市制第二十三條第五項及第六項竝ニ町村制第二十條第四項及第五項ノ規定ハ開票立會人ニ、市制第二十四條第一項及第二項竝ニ町村制第二十一條第一項及第二項ノ規定ハ開票分會場ニ、市制第二十七條ノ二、第二十七條ノ三及第二十九條竝ニ町村制第二十四條

ノ二、第二十四條ノ三及第二十六條ノ規定ハ開票分會ニ於ケル開票ニ之ヲ準用ス

第二十一條　市制第八十二條第三項ノ市ハ其ノ區ヲ以テ選擧區ト爲シタル場合ニ於テハ市制第二章第一款（第十六條第三項ノ規定ヲ除ク）及本令第二十二條ノ規定ノ適用ニ付テハ之ヲ市制第六條ノ市ト看做ス

第三章　市制第三十九條ノ二ノ市ノ市會議員ノ選擧ニ關スル特例

第二十二條　議員候補者ハ選擧人名簿（選擧區アル場合ニ於テハ當該選擧區ノ選擧人名簿）ニ登錄セラレタル者ノ中ヨリ本人ノ承諾ヲ得テ選擧立會人一人ヲ定メ選擧ノ期日ノ前日迄ニ市長（市制第六條ノ市ニ於テハ區長）ニ屆出ヅルコトヲ得但シ議員候補者者死亡シ又ハ議員候補者タルコトヲ辭シタルトキハ其ノ屆出デタル選擧立會人ハ其ノ職ヲ失フ

2 前項ノ規定ニ依ル選擧立會人三人ニ達セザルトキ若ハ三人ニ達セザルニ至リタルトキ又ハ選擧立會人ニシテ參會スル者選擧會ヲ開クベキ時刻ニ至リ三人ニ達セザルトキ若ハ其ノ後三人ニ達セザルニ至ルトキハ市長（市制第六條ノ市ニ於テハ區長）ハ選擧人名簿（選擧區アルトキハ當該選擧區ノ選擧人名簿）ニ登錄セラレタル者ノ中ヨリ三人ニ達スル迄ノ選擧立會人ヲ選任シ直ニ之ヲ本人ニ通知シ選擧ニ

立會ハシムベシ

3 前二項ノ規定ハ投票立會人及開票立會人ニ之ヲ準用ス但シ選擧人名簿ニ登錄セラレタル者トアルハ分會ノ區劃内ニ於ケル選擧人名簿ニ登錄セラレタル者トス

第二十三條　市制第二十五條第五項及第七項ノ規定中被選擧人トアルハ議員候補者トシ同規定ヲ適用ス

第二十四條　投票ノ拒否ハ選擧立會人又ハ投票立會人ノ意見ヲ聽キ選擧長又ハ投票分會長之ヲ決定スベシ

2 市制第二十五條ノ三第二項乃至第四項ノ規定ハ前項ノ場合ニ之ヲ準用ス但シ投票分會長又ハ投票立會人トアルハ投票立會人トス

第二十五條　市制第二十八條ノ規定中被選擧人トアルハ議員候補者トシ同規定ヲ適用ス

2 前項ノ規定ニ依ルノ外議員候補者ニ非ザル者ノ氏名ヲ記載シタル投票ハ之ヲ無效トス

第二十六條　投票ノ效力ハ選擧立會人又ハ開票立會人ノ意見ヲ聽キ選擧長又ハ開票分會長之ヲ決定スベシ

第二十七條　市制第三十三條第一項ノ規定ハ同項第六號トシテ左ノ一號ヲ加ヘ之ヲ適用ス

六　府縣制第三十四條ノ二ノ規定ノ準用ニ依ル訴訟ノ結果當選無效ト爲リタルトキ

第二十八條　市制第三十六條第一項ノ規定中選

擧人トアルハ選擧人又ハ議員候補者トシ同規定ヲ適用ス

第四章　市制第三十九條ノ二ノ市ノ市會議員ノ選擧運動及其ノ費用竝ニ公立學校等ノ設備ノ使用

第二十九條　選擧事務所ハ議員候補者一人ニ付議員ノ定數（選擧區アル場合ニ於テハ當該選擧區ノ配當議員數）ヲ以テ選擧人名簿（選擧區アル場合ニ於テハ當該選擧區ノ選擧人名簿）確定ノ日ニ於テ之ニ登錄セラレタル者ノ總數ヲ除シテ得タル數一千以上ナルトキハ二箇所ヲ、一千未滿ナルトキハ一箇所ヲ超ユルコトヲ得ズ

2　選擧ノ一部無效ト爲リ更ニ選擧ヲ行フ場合又ハ市制第二十二條第四項ノ規定ニ依リ投票ヲ行フ場合ニ於テハ選擧事務所ハ前項ノ規定ニ依ル數ヲ超エザル範圍內ニ於テ府縣知事（東京府ニ於テハ警視總監）ノ定メタル數ヲ超ユルコトヲ得ズ

3　府縣知事（東京府ニ於テハ警視總監）ハ選擧ノ期日ノ告示アリタル後直ニ前二項ノ規定ニ依ル選擧事務所ノ數ヲ告示スベシ

第三十條　選擧委員及選擧事務員ハ議員候補者一人ニ付議員ノ定數（選擧區アル場合ニ於テハ當該選擧區ノ配當議員數）ヲ以テ選擧人名

簿（選擧區アル場合ニ於テハ當該選擧區ノ選擧人名簿）確定ノ日ニ於テ之ニ登録セラレタル者ノ總數ヲ除シテ得タル數一千以上ナルトキハ通ジテ十五人ヲ、一千未滿ナルトキハ通ジテ十八人ヲ超ユルコトヲ得ズ

2 前條第二項及第三項ノ規定ハ選擧委員及選擧事務員ニ之ヲ準用ス

第三十一條　選擧運動ノ費用ハ議員候補者一人ニ付左ノ各號ノ額ヲ超ユルコトヲ得ズ

一　議員ノ定數（選擧區アル場合ニ於テハ當該選擧區ノ配當議員數）ヲ以テ選擧人名簿（選擧區アル場合ニ於テハ當該選擧區ノ選擧人名簿）確定ノ日ニ於テ之ニ登録セラレタル者ノ總數ヲ除シテ得タル數ヲ四十錢ニ乘ジテ得タル額但シ三百圓未滿ナルモノハ三百圓トス

二　選擧ノ一部無效ト爲リ更ニ選擧ヲ行フ場合ニ於テハ議員ノ定數（選擧區アル場合ニ於テハ當該選擧區ノ配當議員數）ヲ以テ選擧人名簿（選擧區アル場合ニ於テハ當該選擧區ノ選擧人名簿）確定ノ日ニ於テ關係區域ノ選擧人名簿ニ登録セラレタル者ノ總數ヲ除シテ得タル數ヲ四十錢ニ乘ジテ得タル額

三　市制第二十二條第四項ノ規定ニ依リ投票ヲ行フ場合ニ於テハ前號ノ規定ニ準ジテ

算出シタル額但シ府縣知事（東京府ニ於テハ警視總監）必要アリト認ムルトキハ之ヲ減額スルコトヲ得

2 府縣知事（東京府ニ於テハ警視總監）ハ選擧ノ期日ノ告示アリタル後直ニ前項ノ規定ニ依ル額ヲ告示スベシ

第三十二條　衆議院議員選擧法施行令第八章、第九章及第十二章ノ規定ハ市制第三十九條ノ二ノ市ノ市會議員選擧ニ之ヲ準用ス

第五章　市町村吏員ノ賠償責任及身元保證

第三十三條　市町村吏員其ノ管掌ニ屬スル現金、證券其ノ他ノ財產ヲ亡失又ハ毀損シタルトキハ市町村ハ期間ヲ指定シ其ノ損害ヲ賠償セシムベシ但シ避クベカラザル事故ニ原因シタルトキ又ハ他ノ者ノ使用ニ供シタル場合ニ於テ合規ノ監督ヲ怠ラザリシトキハ市町村ハ其ノ賠償ノ責任ヲ免除スベシ

第三十四條　收入役、副收入役若ハ收入役代理者又ハ收入役ノ事務ヲ兼掌スル町村長若ハ助役市制第百三十九條第二項又ハ町村制第百十九條第二項ノ規定ニ違反シテ支出ヲ爲シタルトキハ市町村ハ期間ヲ指定シ之ニ因リテ生ジタル損害ヲ賠償セシムベシ區收入役、區副收入役又ハ區收入役代理者ニ付亦同シ

第三十五條　市町村吏員其ノ執務上必要ナル物

品ノ交付ヲ受ケ故意又ハ怠慢ニ因リ之ヲ亡失又ハ毀損シタルトキハ市町村ハ期間ヲ指定シ其ノ損害ヲ賠償セシムベシ

第三十六條　前三條ノ處分ヲ受ケタル者其ノ處分ニ不服アルトキハ府縣參事會ニ訴願シ其ノ裁決ニ不服アルトキハ行政裁判所ニ出訴スルコトヲ得

2 前項ノ裁決ニ付テハ府縣知事又ハ市町村ヨリモ訴訟ヲ提起スルコトヲ得

3 府縣參事會訴願ヲ受理シタルトキハ其ノ日ヨリ三月以內ニ之ヲ裁決スベシ

4 市制第百六十條第一項乃至第三項又ハ町村制第百四十條第一項乃至第三項ノ規定ハ第一項及第二項ノ訴願及訴訟ニ之ヲ準用ス

第三十七條　賠償金ノ徵收ニ關シテハ市制第百三十一條又ハ町村制第百十一條ノ例ニ依ル

第三十八條　市町村吏員ニ對シ身元保證ヲ徵スルノ必要アリト認ムルトキハ市町村ハ其ノ種類、價格、程度其ノ他必要ナル事項ヲ定ムベシ

第三十九條　本章中市町村ニ關スル規定ハ市制第六條ノ市ノ區及市制第百四十四條ノ市ノ一部及町村制第百二十四條ノ町村ノ一部ニ之ヲ準用ス

第六章　市町村稅ノ賦課徵收

第四十條　市町村ノ內外ニ於テ營業所ヲ設ケ營

業ヲ爲ス者ニシテ其ノ營業又ハ收入ニ對スル本税ヲ分別シテ納メザル者ニ對シ附加税ヲ賦課セントスルトキハ市町村長ハ關係市長又ハ町村長（町村長ニ準ズベキ者ヲ含ム）ト協議ノ上其ノ本税額ノ歩合ヲ定ムベシ

2 前項ノ協議調ハザルトキハ府縣知事之ヲ定メ其ノ數府縣ニ渉ルモノハ内務大臣及大藏大臣之ヲ定ムベシ

3 第一項ノ場合ニ於テ直接ニ收入ヲ生ズルコトナキ營業所アルトキハ他ノ營業所ト收入ヲ共通スルモノト認メ前二項ノ規定ニ依リ本税額ノ歩合ヲ定ムベシ

4 府縣ニ於テ數府縣ニ渉ル營業又ハ其ノ收入ニ對シ營業税附加税、營業收益税附加税又ハ所得税附加税賦課ノ歩合ヲ定メタルモノアルトキハ其ノ歩合ニ依ル本税額ヲ以テ其ノ府縣ニ於ケル本税額ト看做ス

第四十一條　鑛區（砂鑛區域ヲ含ム以下之ニ同ジ）ガ市町村ノ内外ニ渉ル場合ニ於テ鑛區税（砂鑛區税ヲ含ム）ノ附加税ヲ賦課セントスルトキハ鑛區ノ屬スル地表ノ面積ニ依リ其ノ本税額ヲ分割シ其ノ一部ニノミ賦課スベシ

2 市町村ノ内外ニ於テ鑛業ニ關スル事務所其ノ他ノ營業所ヲ設ケタル場合ニ於テ鑛産税ノ附加税ヲ賦課セントスルトキハ前條ノ例ニ依ル、鑛區ガ營業所所在ノ市町村ノ内外ニ渉ル場合

亦同ジ

第四十二條　住所滯在ガ市町村ノ内外ニ渉ル者ノ收入ニシテ土地家屋物件又ハ營業所ヲ設ケタル營業ヨリ生ズル收入ニ非ザルモノニ對シ市町村税ヲ賦課セントスルトキハ其ノ收入ヲ平分シ其ノ一部ニノミ賦課スベシ

2 前項ノ住所又ハ滯在ガ其ノ時ヲ異ニシタルトキハ納税義務ノ發生シタル翌月ノ初メヨリ其ノ消滅シタル月ノ終迄月割ヲ以テ賦課スベシ但シ賦課後納税義務者ノ住所又ハ滯在ニ異動ヲ生ズルモ賦課額ハ變更セズ其ノ新ニ住所ヲ有シ又ハ滯在スル市町村ニ於テハ賦課ナキ部分ニノミ賦課スベシ

3 住所滯在ガ同一府縣内ノ市町村ノ内外ニ渉ル者其ノ住所又ハ滯在ノ時ヲ異ニシタル場合ニ於テ其ノ者ニ對シ戸數割附加税ヲ賦課セントスルトキハ前項ノ規定ヲ準用ス

第四十三條　市町村税ヲ徴收セントスルトキハ市町村長ハ徴税令書ヲ納税人ニ交付スベシ

第四十四條　徴税令書ヲ受ケタル納税人納期内ニ税金ヲ完納セザルトキハ市町村長ハ直ニ督促狀ヲ發スベシ

第四十五條　督促ヲ爲シタル場合ニ於テハ一日ニ付税金額ノ萬分ノ四以内ニ於テ市町村ノ定ムル割合ヲ以テ納期限ノ翌日ヨリ税金完納又ハ財産差押ノ日ノ前日迄ノ日數ニ依リ計算シ

タル延滯金ヲ徵收スベシ但シ左ノ各號ノ一ニ該當スル場合又ハ滯納ニ付市町村長ニ於テ酌量スベキ情狀アリト認ムルトキハ此ノ限ニ在ラズ

一　令書一通ノ稅金額五圓未滿ナルトキ

二　納期ヲ繰上ゲ徵收ヲ爲ストキ

三　納稅者ノ住所及居所ガ帝國內ニ在ラザル爲又ハ共ニ不明ナル爲公示送達ノ方法ニ依リ納稅ノ命令又ハ督促ヲ爲シタルトキ

2 督促狀ノ指定期限迄ニ稅金及督促手數料ヲ完納シタルトキハ延滯金ハ之ヲ徵收セズ

第四十六條　納稅人左ノ場合ニ該當スルトキハ徵稅令書ヲ交付シタル市町村稅ニ限リ納期前ト雖モ之ヲ徵收スルコトヲ得

一　國稅徵收法ニ依ル滯納處分ヲ受クルトキ

二　强制執行ヲ受クルトキ

三　破產ノ宣告ヲ受ケタルトキ

四　競賣ノ開始アリタルトキ

五　法人カ解散ヲ爲シタルトキ

六　納稅人脫稅又ハ逋稅ヲ謀ルノ所爲アリト認ムルトキ

第四十七條　相續開始ノ場合ニ於テハ市町村稅、督促手數料、延滯金及滯納處分費ハ相續財團又ハ相續人ヨリ之ヲ徵收スベシ但シ戶主ノ死亡以外ノ原因ニ依リ家督相續ノ開始アリタルトキハ被相續人ヨリモ之ヲ徵收スルコトヲ得

2　國籍喪失ニ因ル相續人又ハ限定承認ヲ爲シタル相續人ハ相續ニ因リテ得タル財産ヲ限度トシテ市町村税、督促手數料、延滯金及滯納處分費ヲ納付スルノ義務ヲ有ス

3　法人合併ノ場合ニ於テハ合併ニ因リ消滅シタル法人ノ納付スベキ市町村税、督促手數料、延滯金及滯納處分費ハ合併後存續スル法人又ハ合併ニ因リ設立シタル法人ヨリ之ヲ徴收スベシ

第四十八條　共有物、共同事業、共同事業ニ因リ生ジタル物件又ハ共同行爲ニ係ル市町村税、督促手數料、延滯金及滯納處分費ハ納税者連帶シテ其ノ義務ヲ負擔ス

第四十九條　同一年度ノ市町村税ニシテ既納ノ税金過納ナルトキハ爾後ノ納期ニ於テ徴收スベキ同一税目ノ税金ニ充ツルコトヲ得

第五十條　納税義務者納税地ニ住所又ハ居所ヲ有セザルトキハ納税ニ關スル事項ヲ處理セシムル爲納税管理人ヲ定メ市町村長ニ申告スベシ其ノ納税管理人ヲ變更シタルトキ亦同ジ

第五十一條　徴税令書、督促狀及滯納處分ニ關スル書類ハ名宛人ノ住所又ハ居所ニ送達ス名宛人ガ相續財團ニシテ財産管理人アルトキハ財産管理人ノ住所又ハ居所ニ送達ス

2　納税管理人アルトキハ納税ノ告知及督促ニ關スル書類ニ限リ其ノ住所又ハ居所ニ送達ス

第五十二條　書類ノ送達ヲ受クベキ者ガ其ノ住所若ハ居所ニ於テ書類ノ受取ヲ拒ミタルトキ又ハ其ノ者ノ住所及居所ガ帝國内ニ在ラザルトキ若ハ共ニ不明ナルトキハ書類ノ要旨ヲ公告シ公告ノ初日ヨリ七日ヲ經過シタルトキハ書類ノ送達アリタルモノト看做ス

第五十三條　市町村ハ内務大臣及大藏大臣ノ指定シタル市町村税ニ付テハ其ノ徵收ノ便宜ヲ有スル者ヲシテ之ヲ徵收セシムルコトヲ得

2 前項ノ市町村税ノ徵收ニ付テハ第四十三條ノ規定ニ依ラザルコトヲ得

第五十四條　前條第一項ノ規定ニ依リ市町村税ヲ徵收セシムル場合ニ於テハ納税人ハ其ノ税金ヲ徵收義務者ニ拂込ムニ依リテ納税ノ義務ヲ了ス

第五十五條　第五十三條第一項ノ規定ニ依ル徵收義務者ハ徵收スベキ市町村税ヲ市町村長ノ指定シタル期日迄ニ市町村ニ拂込ムベシ、其ノ期日迄ニ拂込マザルトキハ市町村長ハ相當ノ期限ヲ指定シ督促狀ヲ發スベシ

第五十六條　市町村ハ前條ノ徵收ノ費用トシテ拂込金額ノ百分ノ四ヲ徵收義務者ニ交付スベシ

第五十七條　第五十三條第一項ノ規定ニ依ル徵收義務者避クベカラザル災害ニ依リ既收ノ税金ヲ失ヒタルトキハ其ノ税金拂込義務ノ免除

ヲ市町村長ニ申請スルコトヲ得

2 市町村長前項ノ申請ヲ受ケタルトキハ七日以内ニ市參事會又ハ町村會ノ決定ニ付スベシ市參事會又ハ町村會ハ其ノ送付ヲ受ケタル日ヨリ三月以内ニ之ヲ決定スヘシ

3 前項ノ決定ニ不服アル者ハ府縣參事會ニ訴願シ其ノ裁決又ハ第四項ノ裁決ニ不服アル者ハ內務大臣ニ訴願スルコトヲ得

4 第二項ノ決定ニ付テハ市町村長ヨリモ訴願ヲ提起スルコトヲ得

5 前二項ノ裁決ニ付テハ市町村長又ハ府縣知事ヨリモ內務大臣ニ訴願スルコトヲ得

6 府縣參事會訴願ヲ受理シタルトキハ其ノ日ヨリ三月以內ニ之ヲ裁決スベシ

7 市制第百六十條第一項乃至第三項又ハ町村制第百四十條第一項乃至第三項ノ規定ハ第三項乃至第五項ノ訴願ニ之ヲ準用ス

8 第二項ノ決定ハ文書ヲ以テ之ヲ爲シ其ノ理由ヲ附シ之ヲ本人ニ交付スベシ

第五十八條　第四十五條乃至第四十八條ノ規定ハ第五十三條第一項ノ規定ニ依リ市町村稅ヲ徵收セシムル場合ノ拂込金ニ之ヲ準用ス

第七章　市町村ノ監督

第五十九條　市町村行政ニ關シ主務大臣ノ許可ヲ要スル事項中左ニ掲グルモノハ府縣知事之ヲ許可スベシ

一　基本財産、特別基本財産、造林、傳染病豫防救治ニ關スル一時給與金、有給吏員ノ年功加俸、退隱料、退職給與金、療治料、救助金、手當金、死亡給與金、弔祭料及遺族扶助料竝ニ市町村助役ノ定數增加町村長及町村助役ノ有給、市町村副收入役ノ設置、委員ノ組織及學務委員ニ關スル條例ヲ設ケ又ハ改正スルコト

二　著シク人口ノ增減アリタルニ因リ議員ノ定數增減ニ關スル町村條例ヲ設ケ又ハ改正スルコト

三　浴場、共同宿泊所、病院、消毒所、住宅、產婆、胞衣及產穢物燒却場、市場、屠場、墓地、火葬場、棧橋、林野、土地、通船、用水、溜池其ノ他之ニ類スルモノノ管理及使用竝ニ其ノ使用料ニ關スル條例ヲ設ケ又ハ改正スルコト

四　手數料又ハ加入金ニ關スル條例ヲ設ケ又ハ改正スルコト

五　特別稅段別割又ハ特別稅戶數割ヲ新設シ增額シ又ハ變更スルコト及之ニ關スル條例ヲ設ケ又ハ改正スルコト但シ特別稅段別割ニ付テハ大正九年勅令第二百八十二號ニ依リ府縣知事ニ於テ許可スル課稅ノ限度ヲ超エザルモノニ限ル

六　府縣ノ基金又ハ敎育資金ヨリ借入ルル市

町村債及市町村ニ轉貸ノ爲主務大臣ノ許可ヲ得テ借入レタル府縣債ノ收入金ヨリ借入ルル當該市町村債ニ關スルコト

七　小學校舍ノ建築、增築・改築等ニ關スル費用、傳染病豫防費、急施ヲ要スル災害復舊工事費ニ充ツル爲借入ルル市町村債ニ關スルコト但シ小學校舍ノ爲ニスル市町村債ニシテ償還期限十年度ヲ超ユルモノニ付テハ此ノ限ニ在ラズ

八　借入ノ翌年度ニ於テ償還スル市町村債ニ關スルコト但シ借入金ヲ以テ償還スルモノニ付テハ此ノ限ニ在ラズ

第六十條　市町村行政ニ關シ監督官廳ノ許可ヲ要スル事項中左ニ揭グルモノハ其ノ許可ヲ受クルコトヲ要セズ

一　耕地整理ノ爲市町村ノ境界ヲ變更スルコト但シ關係アル市町村會ノ意見ヲ異ニスルトキハ此ノ限ニ在ラズ

二　所屬未定地ヲ市町村又ハ市制第六條ノ市ノ區ノ區域ニ編入スルコト但シ關係アル市町村會又ハ區會ノ意見ヲ異ニスルトキハ此ノ限ニ在ラズ

三　公告式、印鑑、書類送達及建物證明、市町村ノ一部ノ區會又ハ區總會ニ關スル條例ヲ設ケ又ハ之ヲ改廢スルコト

四　公會堂、公園、水族館、動物園、植物園、

鑛泉、幼兒哺育場、商品陳列所、勸業館、農業倉庫、殺蛹乾燥場、種畜、牛馬種付所、斃獸解剖場、獸醫、上屋、荷揚場、貯木場、土砂採取場、石材採取場、動力農具ノ管理及使用竝ニ使用料ニ關スル條例ヲ設ケ又ハ之ヲ改廢スルコト

五　積立金穀等ニ關スル條例ヲ設ケ若ハ之ヲ改廢シ又ハ使用料、手數料、加入金、特別稅及委員ニ關スル條例ヲ廢止スルコト

六　府縣制施行令第二十六條ノ規定ニ依リ府縣費ノ分賦ヲ受クル市ニ於テ明治十三年第十七號布告第一條及第二條ニ掲クル種類ト同種類ノ特別稅ノ賦課ニ關スル條例ヲ設ケ又ハ改正スルコト但シ漁業稅又ハ採藻稅ニシテ從來ノ慣例ヲ改正シ又ハ新ニ課稅スルモノニ付テハ此ノ限リニ在ラズ

七　三年度ヲ超エザル繼續費ヲ定メ又ハ其ノ年期內ニ於テ之ヲ變更スルコト

八　繼續費ヲ減額スルコト

九　市町村債ノ借入額ヲ減少シ利息ノ定率ヲ低減スルコト

十　市町村債ノ借入先ヲ變更シ又ハ債券發行ノ方法ニ依ル市町村債ヲ其ノ他ノ方法ニ依ル市町村債ニ變更スルコト

十一　市町村債ノ償還年限ヲ短縮シ又ハ其ノ

償還年限ヲ延長セズシテ低利借替ヲ爲シ若ハ繰上償還ヲ爲スコト但シ外資ニ依リタル市町村債ノ借替又ハ外資ヲ以テスル借替ニ付テハ此ノ限ニ在ラズ

十二　市町村債ノ償還年限ヲ延長セズシテ不均等償還ヲ元利均等償還ニ變更シ又ハ年度內ノ償還期若ハ償還期數ヲ變更スルコト

第八章　市制第六條ノ市ノ區

第六十一條　府縣知事ハ市會ノ意見ヲ徵シ府縣參事會ノ議決ヲ經テ市條例ヲ設定シ新ニ區會ヲ設クルコトヲ得

第六十二條　區內ニ住所ヲ有スル市公民ハ總テ區會議員ノ選擧權ヲ有ス但シ公民權停止中ノ者又ハ市制第十一條ノ規定ニ該當スル者ハ此ノ限ニ在ラズ

第六十三條　區會議員ノ選擧權ヲ有スル市公民ハ區會議員ノ被選擧權ヲ有ス

2 在職ノ檢事、警察官吏及收稅官吏ハ被選擧權ヲ有セズ

3 選擧事務ニ關係アル官吏及市ノ有給吏員ハ其ノ關係區域內ニ於テ被選擧權ヲ有セズ

4 市ノ有給ノ吏員敎員其ノ他ノ職員ニシテ在職中ノ者ハ其ノ所屬區ノ區會議員ト相兼ヌルコトヲ得ズ

第六十四條　區會議員ハ市ノ名譽職トス

2 議員ノ任期ハ四年トシ總選擧ノ日ヨリ之ヲ起算ス

3 議員ノ定數ニ異動ヲ生ジタル爲解任ヲ要スル者アルトキハ區長抽籤シテ之ヲ定ム但シ闕員アルトキハ其ノ闕員ヲ以テ之ニ充ツベシ

4 前項但書ノ場合ニ於テ闕員ノ數解任ヲ要スル者ノ數ニ滿チザルトキハ其ノ不足ノ員數ニ付區長抽籤シテ解任スベキ者ヲ定メ闕員ノ數解任ヲ要スル者ノ數ヲ超ユルトキハ解任ヲ要スル者ニ充ツベキ闕員ハ最モ先ニ闕員ト爲リタル者ヨリ順次之ニ充テ闕員ト爲リタル時同ジキトキハ區長抽籤シテ之ヲ定ム

5 議員ノ定數ニ異動ヲ生ジタル爲新ニ選擧セラレタル議員ハ總選擧ニ依リ選擧セラレタル議員ノ任期滿了ノ日迄在任ス

第六十五條 區會ノ組織及區會議員ノ選擧ニ關シテハ前數條ニ定ムルモノノ外市制第十三條第十七條及第二十條乃至第三十九條並ニ本令第七條乃至第二十條ノ規定ヲ準用ス但シ市制第十三條第四項ノ規定ノ準用ニ依ル市條例ノ設定ニ付テハ市ハ區會ノ意見ヲ徵スベク、市制第三十二條及第三十四條ノ規定ノ準用ニ依ル報告ハ市長ヲ經テ之ヲ爲スベシ

第六十六條 第三章及第四章ノ規定ハ市制第三十九條ノ二ノ區ノ區會議員選擧ニ之ヲ準用ス

第六十七條 區會ノ職務權限ニ關シテハ市會ノ

職務權限ニ關スル規定ヲ準用ス

2 區長ト區會トノ關係ニ付テハ市長ト市會トノ關係ニ關スル規定及市制第九十二條ノ規定ヲ準用ス

第六十八條　區會ヲ設ケザル區ニ於テハ區會ノ職務ハ市會之ヲ行フ

第六十九條　市ハ區會ノ意見ヲ徵シ區ノ營造物ニ關シ市條例又ハ市規則ヲ設クルコトヲ得

2 市制第百二十九條ノ規定ハ前項ノ場合ニ之ヲ準用ス

3 區ハ前二項ノ市條例ノ定ムル所ニ依リ區ノ營造物ノ使用ニ付使用料ヲ徵收シ又ハ過料ヲ科スルコトヲ得

第七十條　區ハ其ノ財產及營造物ニ關シ必要ナル費用ヲ支辨スル義務ヲ負フ

2 前項ノ支出ハ區ノ財產ヨリ生ズル收入、使用料其ノ他法令ニ依リ區ニ屬スル收入ヲ以テ之ニ充テ仍不足アルトキハ市ハ其ノ區ニ於テ特ニ賦課徵收スル市稅ヲ以テ之ニ充ツベシ

3 前項ノ市稅ニ付市會ノ議決スベキ事項ハ區會之ヲ議決ス但シ市ノ定メタル制限ヲ超ユルコトヲ得ズ

4 市制第九十八條第四項ノ規定ニ依リ市ノ負擔スル費用ニ付テハ前二項ノ規定ヲ準用ス

第七十一條　前數條ニ定ムルモノノ外區ニ關シテハ市制第百十四條、第百十五條、第百三十

條第二項乃至第六項、第百三十一條第一項、第二項第四項乃至第八項及第百三十三條乃至第百四十三條竝ニ本令第一條乃至第四條ノ規定ヲ準用ス但シ第百三十條第三項中市參事會トアルハ區會、第百四十一條第二項中名譽職參事會員トアルハ區會議員トス

2 前項ノ規定ニ依リ市制第百三十一條第一項ノ規定ヲ準用スル場合ニ於テハ市ハ區會ノ意見ヲ徴シ市條例ヲ定メ區ヲシテ手數料ヲ徴收セシムルコトヲ得

第七十二條 區ノ監督ニ付テハ市ノ監督ニ關スル規定ヲ準用ス

第八章　雜　則

第七十三條 市町村組合又ハ町村組合ニ關シテハ第一條乃至第四條ノ規定ニ拘ラズ組合規約ニ於テ別段ノ定ヲ爲スコトヲ得

第七十四條 本令中府縣、府縣知事又ハ府縣參事會ニ關スル規定ハ北海道ニ付テハ各北海道、北海道廳長官又ハ北海道參事會ニ、本令第一章中町村長又ハ町村條例ニ關スル規定ハ北海道ニ付テハ各町村長又ハ町村條例ニ準ズベキモノニ之ヲ適用ス

附　則

1 本令中公民權及議員選擧ニ關スル規定ハ次ノ總選擧ヨリ、其ノ他ノ規定ハ大正十五年七月一日ヨリ之ヲ施行ス

2 左ノ勅令ハ之ヲ廢止ス

明治四十四年勅令第二百四十號
明治四十四年勅令第二百四十一號
明治四十四年勅令第二百四十四號
明治四十四年勅令第二百四十五號
明治四十四年勅令第二百四十八號
大正九年勅令第百六十八號
大正十年勅令第四百十二號

3 從前ノ規定ニ依ル手續其ノ他ノ行爲ハ本令ニ別段ノ規定アル場合ヲ除クノ外之ヲ本令ニ依リ爲シタルモノト看做ス

4 大正十年勅令第四百十二號第二條ノ規定ニ依リ爲シタル許可ノ申請ニシテ大正十五年六月三十日迄ニ許可ヲ得ザルモノハ之ヲ本令第五十九條ノ規定ニ依リ府縣知事ニ爲シタル許可ノ申請ト看做ス

5 大正十五年市制中改正法律又ハ同年町村制中改正法律中選擧ニ關スル規定ノ施行セラレタル市町村及未ダ施行セラレザル市町村ノ區域ノ境界ニ渉リ市町村ノ廢置分合又ハ境界變更アリタル場合ニ於テ右選擧ニ關スル規定ノ施行セラレザリシ市町村ノ區域ニ屬シタル地域ニ關シ必要ナル選擧人名簿ハ其ノ地域ノ新ニ屬シタル市町村ノ市町村長之ヲ調製スベシ、此ノ場合ニ於テハ大正十五年市制中改正法律附則第二項又ハ同年町村制中改正法律附則第四項ノ例ニ依ル

6 明治四十四年勅令第二百四十五號第四條又ハ大正九年勅令第百六十八號第四條ノ規定ニ依

リ爲シタル決定又ハ裁決ニ對スル訴願又ハ訴訟ノ提起期間ハ決定又ハ裁決アリタル日ノ翌日ヨリ之ヲ起算ス

7 從前市町村長ニ爲シタル申請ニシテ大正十五年六月三十日迄ニ市參事會又ハ町村會ノ決定ニ付セラレザルモノニ付テハ第五十七條第二項ノ期間ハ同年七月一日ヨリ之ヲ起算ス

8 從前市參事會若ハ町村會ノ決定ニ付セラレタル申請又ハ府縣參事會ニ於テ受理シタル訴願ニシテ大正十五年六月三十日迄ニ決定又ハ裁決ナキモノニ付テハ第三十六條第三項竝ニ第五十七條第二項及第六項ノ期間ハ同年七月一日ヨリ之ヲ起算ス

9 本令ニ依リ初メテ區會議員ヲ選擧スル場合ニ於テ必要ナル選擧人名簿ニ關シ市制第二十一條乃至第二十五條ノ五ノ規定ノ準用ニ依ル期日又ハ期間ニ依リ難キトキハ命令ヲ以テ別ニ其ノ期日又ハ期間ヲ定ム但シ其ノ選擧人名簿ハ次ノ選擧人名簿確定迄其ノ效力ヲ有ス

10 本令中公民權及議員選擧ニ關スル規定施行ノ際大正十五年府縣制中改正法律中議員選擧ニ關スル規定若ハ同年市制中改正法律中公民權及議員選擧ニ關スル規定又ハ同年勅令第三號衆議院議員選擧法施行令未ダ施行セラレザル場合ニ於テハ本令ノ適用ニ付テハ同規定又ハ同令ハ既ニ施行セラレタルモノト看做ス

(別表點字省略)

大阪市會傍聽人取締規則

大阪市會傍聽人取締規則

明治四十四年十月六日決議

第一條　市會ノ會議ヲ傍聽セムトスルトキハ受付ニ住所氏名ヲ申出テ其ノ指揮ヲ待チ傍聽席ニ着クヘシ

第二條　傍聽席滿員トナリ又ハ傍聽ヲ禁シタル會議ハ入場ヲ許サス

第三條　傍聽席ヲ分チテ特別席新聞記者席及公衆席トス

第四條　兇器ヲ携帶シ若ハ酩酊セル者ハ入場ヲ許サス

第五條　傍聽人ハ傍聽席ニ於テ左ノ事項ヲ遵守スヘシ

一　羽織若ハ袴又ハ洋服ヲ着用スヘシ
二　帽子又ハ外套ノ類ヲ着用スヘカラス
三　靴草履以外ノ履物ヲ穿ツヘカラス
四　傘杖ノ類ヲ携帶スヘカラス
五　飲食又ハ喫煙ヲ爲スヘカラス
六　議場ノ言論ニ對シ可否ヲ表スヘカラス
七　喧擾ニ渉リ議事ヲ妨害スヘカラス

前項ニ該當スル者アルトキハ退場ヲ命ス

第六條　傍聽席騷擾ニシテ會議ノ妨害トナルトキハ議長ハ傍聽人ノ全部又ハ一部ノ退場ヲ命スルコトヲ得

第七條　傍聽人ハ如何ナル事由アルモ議場内ニ

入ルコトヲ許サス

第八條　傍聽ヲ禁シ又ハ退場ヲ命セラレタルトキハ速ニ退去スヘシ

第九條　本則ハ明治四十四年十月六日ヨリ之ヲ施行ス

大正十五年七月五日印刷
大正十五年七月七日發行

發行所　大阪市會事務局
大阪市住吉區松原町四十番地ノ二十五

發行者　大阪市會書記長　和田相也

印刷者　高橋徳三郎
大阪市北區堂島濱通四丁目八番地

印刷所　高橋印刷所
大阪市北區堂島濱通四丁目八番地
電話土佐堀一四五一番

地方自治法研究復刊大系〔第363巻〕

市　制〔大正15年初版〕

附　市制町村制施行令
　　大阪市会会議規則
　　大阪市会傍聴人取締規則

日本立法資料全集 別巻 1573

2025(令和7)年3月25日　復刻版第1刷発行　7773-9:012-005-005

著者　大阪市会事務局

発行者　今井　貴
　　　　稲葉文子

発行所　株式会社信山社

〒113-0033 東京都文京区本郷6-2-9-102東大正門前
Ⓣ03(3818)1019　Ⓕ03(3818)0344
来栖支店〒309-1625 茨城県笠間市来栖2345-1
Ⓣ0296-71-0215　Ⓕ0296-72-5410
笠間才木支店〒309-1611 笠間市笠間515-3
Ⓣ0296-71-9081　Ⓕ0296-71-9082

印刷所　ワイズ書籍

製本所　カナメブックス

用紙　七洋紙業

printed in Japan　分類 323.934 g 1573

ISBN978-4-7972-7773-9 C3332 ¥24000E